Wee -Class

위클래스

사용설명서

이정준 · 전성은

박영story

🖙 위클래스 사용설명서 제작배경 ✦

코시국.. 대면상담을 할 수 없던 6우월의 어느날,
극 실용주의 전문상담교사 둘의 고민으로부터 시작되었죠

이렇게 당근 & 다미쌤이 협력하여
「위클래스 사용설명서」가 탄생했답니다 :)

상담실 앞에서 주저하는 당신에게

저는 학교상담실에서 학생들을 만나는 게 직업인 사람입니다. 지금은 위클래스 선생님이라고 부르지요? 저희 학교는 학생 수가 제법 많아서 위클래스에도 손님이 많습니다. 학생들의 정신건강을 지켜주는 건 참 힘들고 분주한 일입니다. 매일매일 뭘 했는지 돌아볼 여유도 없이 정신없이 지나갑니다. 바쁜 건 괴롭지만 한편으론 뿌듯합니다. 그만큼 많은 친구들에게 도움을 주었다는 의미니까요.

제가 고등학교를 다닐 때는 위클래스가 없었습니다. 반면 상담심리사는 가장 유망한 미래의 직업 중 하나였습니다. 그때는 롤 모델이 학교에 없었으니 상담이 무언지도 몰랐습니다. 직업삼고 싶다는 생각은 더더욱 없었구요. 다만 심리학이 재미있어 관련 학과에 진학했고, 몇 번의 우여곡절 끝에 상담교사는 저의 평생직장이 되었습니다. 해 보니 참 재미있고 보람 있는 일이더군요. 위클래스와 상담 센터들이 생기는 속도를 보면 이 직업의 밝은 전망도 실감합니다.

위클래스를 지키고 있으면 가장 아쉬운 건 자기 발로 찾아오는 학생이 드물다는 것입니다. 온갖 일로 마음고생하는 친구들이 실제로는 많은 데도요. 학교폭력을 당한 학생들은 그 사건이 공론화되고 심의된 후에야 피해자의 지위로 오게 됩니다. 위기청소년들은 자퇴, 자해, 자살 시도와 같이 최후의 상황에 몰려야 비로소 관심의 대상이 됩니다. 그리고 학부모나 교사에게 발견돼야만 의뢰가 되죠. 이런 고통스러운 사건이 생기기까지 많은 사정이 있었을 겁니다. 사고를 일으키기 전 그 학생은 마음이 뒤틀리고 덧나는 경험을 무수히 했을 겁니다. 그때 상담전문가를 찾았다면 이 지경까지 오지는 않았겠죠. 안타까운 일입니다.

많은 학생들이 짜증스러운 기분 때문에 힘들어 합니다. 자기 마음과 몸이 자기 의도대로 움직여주지 않아서 난감해하지요. 충동적으로 화를 내고 주먹을 휘두른 뒤에 후회합니다. 자기 주변인들을 어떻게 대해야 할지 몰라 속만 끓입니다. 청소년기는 마음의 문제 때문에 괴로울 일 투성이지요. 그런 친구들에게 도움을 주려고 위클래스가 있는 것이구요. 하지만 대부분 상황이 아주 나빠지기 전까지는 상담받는 걸 문제해결의 방법으로 고려하지 않습니다.

누군가 아주 믿을 수 있는 사람에게 털어놓기 어려운 사연을 말하는 데는 용기가 필요합니다. 부끄럽고 죄스러운 마음을 고백했는데 오히려 존재를 인정받았으면 변화의 싹이 생깁니다. 처음 받아보는 대우라서 학생들은 많이 놀라죠. 심리학을 공부한 상담선생님에게 마음을 진단받고 나면 개운해합니다. 오랜 기간 이야기하면 자기도 모르는 내면 깊은 곳에서 해결책을 찾게 됩니다. 이렇게 귀한 서비스를 누가 제공해 주나요? 그런데 청소년에게는 이게 무료입니다. 학교 상담실을 비롯해 청소년상담복지센터가 도시부터 시골까지 대한민국 어디든 열려 있으니까요.

아마 상담이란 건 특이한 사람만 받는 처치라고 생각하고 계실 겁니다. 그러니까 아무리 아파도 상담실을 스스로 찾지 않겠죠. 더군다나 자기 자신의 마음을 드러내고 성찰하는 건 어색하고 불편합니다. 혹시나 누군가에게 들켜 놀림거리가 되지 않을까 걱정도 되겠죠. 부모님이나 선생님에게 상담 내용이 전달되서 곤욕을 치를까 염려하는 친구들도 있을 겁니다. 그러니 상담이 얼마나 유익한 건지 알면서도 선뜻 신청하지는 못하는 거겠죠.

저는 상담실 앞에서 주저하는 학생들을 위해 이 책을 썼습니다. 그래서 '위클래스 사용설명서'입니다. 하지만 학교 안과 밖의 상담 서비스는 크게 다르지 않습니다. 그러니 이 책을 읽으면 학교상담뿐 아니라 여러 분야에서 이루어지는 포괄적인 상담 서비스도 이해하게 될 겁니다. 어른들에게도 필요한 내용인 거죠. 이 책의 본문에서 '위클래스'만 '상담센터'로 바꿔 읽으시면 됩니다. 상담은 누구에게나 유익한 것이니까요.

이 책의 작성 목적은 위클래스(그리고 전국의 모든 상담센터)에 관한 의구심을 잠재우는 것입니다. 1장은 상담이 뭔지 소개하는 내용입니다. 2장은 상담 환경에 대한 설명이구요. 3장은 상담절차에 관한 안내입니다. 이 세 장의 내용을 통해 상담에 대해 가지고 있는 막연한 거리감을 줄였으면 하는 바람입니다.

이 책을 읽는 걸 직접 위클래스나 상담센터를 찾아가는 것과는 비교할 수 없을 겁니다. 심리적 문제에 얼마나 도움이 되는지의 측면에서 말이지요. 저는 상담자로서 글이라는 수단을 통해 드릴 수 있는 최대한의 도움을 제공하기 위해 노력하겠습니다. 더불어 여러분이 이 책을 읽고 나서는 좀 더 상담서비스를 친숙하게 느꼈으면 합니다.

Contents

도대체 상담이 뭐하는 거예요? I

상담실이 어떤 곳인지 궁금해요 II

상담 절차를 알려주세요

❝도대체 상담이

뭐 하는 거예요?❞

01

상담실 문을 두드려 볼까?

나는 가끔씩,, 아니 꽤나 자주
이럴꺼면 왜태어났을까 생각한다 ㅡ

어른들에게 고민을 얘기하면
나는 '나약한 요즘애들' 일 뿐이고

나만 빼고 다들 잘 지내는 것 같아 보인다.. ㅠㅠ

여기에서는 내가 도움받을 수 있을까..?

📢 상담실 문을 두드려 볼까?

　학생으로 살아가면서 힘든 일, 너무너무 많지요? 아무한테도 말하기 싫어서, 말해봐야 잔소리만 들을 것 같아서 마음속에 담아놓고 그러다 보면 또 생각나는 그런 괴로운 것들 있죠? 아빠, 엄마, 친구, 남자친구, 여자친구, 학교 선생님⋯ 인생은 괴로움이라는 말이 있듯이 세상에 같이 잘 지내야 할 사람은 너무 많은데 다 생각도 다르고 원하는 것도 달라 주변 사람들과 맞춰가려면 '나보고 뭘 어쩌라고?'라는 생각이 들 때 있을 겁니다. 그런가 하면 십분도 읽기 싫은 책을 하루에 여덟 시간씩 읽어야 하니 머리가 터질 것 같을 때도 있죠. 이거 하면 나중에 잘 먹고 잘 살 수 있나 의심이 들 때면 현자타임이 오기도 하구요.

　저도 제가 학생으로 살아갔던 날들을 되짚어 보면 진짜 중고등학교 때 어떻게 그 힘든 시기를 살아왔나 싶어요. 아 물론, '라떼는 말이야'라는 말을 하려는 건 아니에요. 이 시기에 너무 힘들고 짜증나는 일이 많을 수 있다는 걸 인정하려는 거예요. 솔직히 가끔, 왜 교과서나 학교 홈페이지 같은 곳에 등장하는 청소년 모델들은 하나같이 웃고 있나 이해가 안 가기도 했어요. 마치 '너희는 인생이 단순하고 매일 공부만 하면 되는데다가, 어른들이 하는 그런 복잡한 고민들은 안 해도 되고 몸이 건강하기까지 하니 얼마나 행복하겠어?'라고 말하는 것 같단 말이죠.

　날 속상하게 하는 사람을 시원하게 욕하고 싶거나, 그렇게 욕을 하더라도 내 문제가 해결되지 않는다는 걸 알고 있을 때가 있죠. 또는 무슨 문제가 있는 것 같고 지금 사는 게 너무 불편한데 왜 그런지 가늠도

안 될 때도 있죠. 기분이 너무 안 좋아서 그냥 다 포기하고 싶을 때도 있어요. 그러다 보면 '상담실 문을 두드려 볼까?'라는 생각을 하게 되곤 하죠. '학교 상담선생님이나 센터 혹은 병원에 근무하는 상담전문가분들은 뭔가 좀 아시지 않을까?' 하구요.

그때 그냥 문을 두드리고 들어가 봐도 되는데, 망설여지죠? 저라도 그럴 것 같아요. 무엇 때문에 망설이게 되던가요? 모르긴 몰라도 이런 생각들 하겠죠. '내가 이렇게 오랫동안 고민하며 앓아 왔는데 그 짧은 시간 안에 내 마음속에 들어가 보지도 않은 사람이 뭘 어떻게 할 수 있을까?', '기껏 내 얘기 했는데 뭐 그런 사소한 걸 들고 여기까지 왔냐고 하지 않을까?', '그건 잘못 대처한 거라고 혼나면 어쩌지?', '잔소리 듣기에는 시간이 아까운데…'

상담실 가면 구체적으로 뭘 한다고 설명해 주는 사람이 없으니 겁이 나는 게 너무나 당연해요. 사실 그런 고민을 가진 친구를 만난다면 저는 그냥 상담실 문 한 번 두드려 보고 여기 뭐 하는 곳이냐고 물어보라고 하고 싶어요. 상담 선생님들은 친절이 직업적 특성이랍니다. 그리고 대부분 착해요.

그래도 걱정인 친구들을 위해서 상담이 뭔지, 절차가 어떻게 되는지를 설명하려고 해요. 그리고 되도록 이 기회를 통해 그동안 상담을 받는 것에 관해 가졌던 염려들을 없애주고 싶어요. 물론 이런 전문심리 상담에 관해 가지고 있는 환상도 깨주고요. 아까 말한 선생님의 직업적 특성에 따라 쉽고 친절하게 설명해 드릴게요.

상담에 대한 흔한 오해

안녕? 위클래스는 처음이지? 상담에 대한 건
상담쌤들이 알려줄게 ～

❋ 직업적 특성 : 친절함 (maybe...ㅋㅋ)

Q. 무쪼건 들어주게만 하는 곳인가요?

A. 노놉. 드라마 뚝 한장면일 뿐입니다

A. 독심술은 함부로 믿음 주의

A. 답정녀 아닙니다 (단호)

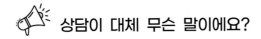

상담이 대체 무슨 말이에요?

저는 상담하는 일을 직업으로 삼아서 살고 있는 사람이에요. 6년을 상담 관련 공부를 했고, 일을 한 지도 3년이 넘었어요. 하지만 그런 저에게도 '상담'이라는 단어는 그다지 친숙하지 않아요. 상담은 규정하라면 할수록 기분이 묘해지는 단어에요. 이 단어는 생각하는 사람들 마다 이미지가 너무 다양하기 때문이에요.

일단 첫째로, 상담활동 자체에 관한 이미지는 친숙하지만 신비주의적이기도 해요. 우리는 친구에게 고민을 털어놓을 때 흔히 상담을 했다고 말해요. 국어사전에도 상담은 '문제를 해결하기 위해 서로 의논하는 것'이라고 적혀 있어요. 상담은 어떤 고민을 현재 하고 있는 사람이 그 경험을 미리 해본 사람에게 해결 방법을 묻는 것이라고 많이 생각해요. 만일 상담이 이런 활동이라면 사실 이 분야를 전문적으로 공부할 필요가 없지요. 인생경험만 충분하다면 친구든 부모님이든 누구나 충분히 대신해 줄 수 있으니까요.

반면 상담은 신비주의적인 측면도 있어요. 많은 사람들은 상담선생님을 특별한 사람이라고 생각해요. 너무 복잡해서 아무도 다룰 수 없는 일을 상담선생님은 해결할 수 있다고 믿는 거죠. 심리학을 공부하면 '내 마음을 맞춰 봐'라는 말을 정말 많이 들어요. 텔레파시 수준의 독심술을 할 수 있다고 믿을 정도니, 일상의 고민 정도는 척척박사처럼 처리할 수 있다고 생각하죠. 하지만 상담선생님은 과학의 한 분야일 뿐인 심리학을 배운 사람이에요. 일상 문제의 마법같은 해결책을 제시할 수 없어요. 그렇지만 아무나 대신할 수 있는 일을 하는 것도 아니에요.

둘째, 상담자에 관한 두 가지의 대표적인 이미지가 있어요. 그런데 이 이미지가 서로 모순돼요. 절반의 사람들은 상담선생님을 무조건 들어주는 사람으로 낭만적으로 그려요. 가장 흔한 예는 이렇죠. 상담을 받는 고객을 내담자라고 해요. 내담자들이 감정에 휩쓸려 일방적으로 자기 이야기를 하죠. 상담선생님은 내담자가 하는 말을 하염없이 집중해서 듣기만 해요. 그러면 눈물을 흘리더니 '이제 어떻게 살아야 할지 알겠어요'라고 통찰을 얻고 상담을 마치는 거죠. 물론 감정을 다루는 일과 경청하는 일이 중요하기는 하지만 이게 상담의 전부는 아니랍니다. 하지만 많은 드라마나 영화에서 상담을 이런 식으로 표현하기도 하죠.

다른 절반의 사람들은 상담선생님을 충고를 해주는 사람이라고 생각해요. 심리학 전문가이니 인생에 관해 잘 알 것이고, 수학 문제를 풀듯 정답을 제시해 줄 거라고 믿는 거죠. 이런 장면은 주로 자기계발멘토, 상담 좋아하는 철학자, 득도한 것처럼 보이는 스님 혹은 목사님이 강연을 할 때 많이 볼 수 있죠. 고민을 말하는 사람이 언급하는 문제에 관한 해법을 초월적인 시선에서 알려주면서 어쩔 때는 호통을 치기도 하죠.

상담선생님이 그저 친절하게 들어주기만 하는 사람이라고 믿는 사람은 상담을 맹탕이라고 생각해요. 그리고 충고가 상담의 전부라고 생각하는 사람은 그 거친 느낌이 싫어서 상담실에 가지 않을 거예요. 당연한 말이지만 둘 다 상담의 본 모습은 아니지요.

마지막으로 상담에서 다루는 문제에 관한 이미지는 극단적인 경우가 많아요. 너무 심각하거나, 너무 가벼워요. 어떤 사람은 정신적으로 심각한 문제가 있어야 겨우 겨우 끌려가듯 가는 곳이 상담실이라고 생각해요. 반면 일상의 아주 가벼운 고민거리를 다루는 곳이 상담실이라고 여기는 사람도 있어요. 전자는 주변의 시선 때문에 쉽사리 상담실에 가지 못해요. 자신에게 정신적인 문제가 있다고 생각할까봐요. 후자는 상담을 가볍게 여기기 때문에 돈과 시간을 투자하기 꺼려하겠죠.

그럼 상담은 어떤 걸까요? 요약해서 말하면 첫째, 상담선생님은 생각과 감정에 관한 심리학 이론을 이용하여 장애물을 극복하도록 돕는 사람이에요. 인생 경험을 이용하는 사람이 아니에요. 둘째, 상담선생님은 경청하고 공감해서 마음을 열도록 도와요. 물론 그게 영화처럼 극적인건 아니구요. 그리고 구체적 문제를 다룰 때는 충고를 하는 게 아니라 동등한 입장에서 의논을 해요. 셋째, 생각이나 감정, 행동이 하나도 의지대로 안 된다고 느껴진다면 상담보다 치료가 필요할 수도 있어요. 이때는 병원을 가는 게 더 좋아요. 인간의 뇌와 정신은 밀접한 관련이 있기 때문에 백 마디 말보다 신경세포에 직접 작용하는 한 알의 약이 더 효과가 있을 때가 있으니까요. 넷째, 상담활동을 너무 쉽게 생각하고 상담실을 가면 자기 문제를 해결하겠다는 동기가 약해서 상담의 진행이 더디거나, 자신의 핵심 문제를 해결하기 어려울 수도 있어요. 정리하자면, 여러분을 괴롭게 하는 적정수준의 고민과 문제를 해결하기 위해 상담을 받을 수 있답니다.

03

상담은 충고와 달라요.

상담이란 ..

인간에 대한 심리학 이론들을 바탕으로
장해물을 극복하도록 돕는 과정이랍니다. 과학의 한 분야

마치 상담처럼 보이는 이런 대화는 ..?

'충고'라고 합니다. 팩트이고, 좋은 말들이죠

"열심히 노력해라"

"성실하게 살다보면 이뤄진다"

최근

"참지 말고 표현하라"

"지금여기, 오늘을 살아라"

"여유롭게 살아도 괜찮아"

시대가 바뀌면서
충고 트렌드도 바뀌는듯ㅋ

하지만, 충고는 상담이 아닙니다 ★

불가능

기분나쁘지 말고 들어,
다 너를 위해서 하는 말이야.
학교도 못버틴 너를 당연히
나약하다고 보겠지

ㅠㅠ;

내가 더
잘알고있을
거야

우월심리

충고는 보통 듣는사람에 관한 존중과 이해없이
이루어지는 경우가 많아요. 충고와 상담은 달라요.

📢 충고 듣기 싫어요!

　사람이 세상에서 제일 듣기 싫은 게 두 가지 있다는 말을 어디선가 들은 적이 있어요. 하나는 설명이고, 다른 하나는 충고였어요. 저는 이 문장을 듣자마자 마음속에 무언가 꽂히는 느낌을 받았어요. 살다 보면 그런 종류의 말이 있죠. 이 책을 읽는 여러분도 설명이나 충고를 들었던 경험을 떠올려 보세요. 아마 유쾌하지는 않았을 거예요.

　여기서는 둘 중에 상담과 관련이 있는 '충고'에 대해서 생각해 볼게요. 우린 흔히 충고가 인생에 도움이 될 수도 있다고 생각하잖아요. 근데 왜 듣기 싫을까요? 일단 첫째로 충고하는 사람의 태도 때문이에요. 자신이 더 우월하다고 생각하기 때문에 가르쳐 주려고 하는 경우가 많아요. 듣는 사람도 그 마음을 느끼니까 기분이 나쁘죠. 둘째로 충고는 보통 듣는 사람에 관한 이해가 없이 이루어지는 경우가 많아요. 사람마다 제각기 다른 성격과 상황이 있는데 이걸 무시하기도 하죠. 인간은 누구나 자기 입장을 중심으로 생각하기 때문에 아주 많이 알아보고 헤아리지 않는 이상 상대에 관해서 당사자보다 더 잘 알기는 힘들거든요. 셋째로 충고는 존중이 생략된 경우가 많아요. 듣는 사람보다 자신이 우월하다고 생각하고, 그 사람을 잘 이해하지도 못하고 자기 입장에서의 최선을 말하는 거잖아요. 그러니 듣는 사람은 존중받지 못한다는 걸 바로 느껴요. 여기서 더 사람을 찝찝하게 하는 건 충고 뒤의 사족이죠. 다 너를 위해서 그런다는 말이요.

　충고에 관한 이야기를 왜 이렇게 많이 했냐면요. 충고는 '마치 상담처럼 보이는 것' 중 하나이기 때문이에요. 상담이라는 이름을 건 TV 프로그램이나 라디오 방송에서 충고 정말 많이 하잖아요. 옛날에는 '열심히 노력해라', '성실히 살면 언젠간 복이 온다'라는 식으로 충고했다면 요새는 '그렇게 억울하면 때려치고 나와라', '참지 마라, 직장 상사든 선생님이든 그 사람에게 들이받아라' 또는 '좋게 좋게 생각하면 마음이 편해진다' 등등 너무 많아요. 어쩔 때는 저 사람들이 좋은 문장 하나 발굴해놓고 복사 붙여넣기 하는 것처럼 아무한테나 충고를 뿌리는구나 하는 생각도 들구요.

　　단도직입적으로 말하면 충고는 상담이 아니에요. 상담 하면서 충고 할 일은 아주 드물어요. 상담은 내담자가 들고 온 문제를 함께 의논하면서 돕는 활동이라서 그래요. 인생에는 마술 같은 해법이 없어요. 그런 해법을 안다고 해도 실천이 잘 되지도 않아요. 해법을 일러주고 어찌어찌 실천이 된다 해도 상담선생님의 충고를 단순히 실천한 것이라면 내담자는 상담을 통해 변화도, 성장도 겪지 못한 거잖아요.

　　상담은 보통 1시간 회기를 일주일에 한 번씩 3달에 걸쳐 10번 정도 하게 돼요. 추측했던 것보다 더 오래 걸리죠? 그 이유는 첫째, 상담선생님들은 여러분을 깊이 알아야 하기 때문이에요. 얼굴만 보고 그 사람의 마음을 알아맞히는 초자연적인 능력이 없기 때문에 오랜 면담과 심리검사를 해요. 현재 해결하고자 하는 문제가 무엇인지, 어디서 비롯되었는지, 주변 환경은 어떤지, 성격이 어떤지, 성격과 문제를 알았다면 이 둘 사이가 어떤 관계가 있는지, 또 다른 정신적/육체적 문제는 없는지 등등 다양한 요소들을 자세히 알아야 해요. 둘째, 상담받는 사람 입장에서도 마음을 열고 자기 자신을 있는 그대로 보는 데 시간이 걸리기 때문이에요. 아무리 고민을 털어놓고 싶어서 상담실에 왔다고 하더라도, 처음 보는 선생님에게 자신의 이야기를 허심탄회하게 털어놓는다는 건 쉽지 않은 일이에요. 자신의 모습을 온전히 바라보는 것도 마음의 불편을 감수해야 하기 때문에 시간이 필요해요. 셋째, 상담을 통한 문제 해결이란 계획을 세우고 실천하는 걸 말해요. 예를 들어 다른 사람이 나를 미워한다고 생각해서 친구를 사귀기가 힘들다면 상담으로 어떻게 해결할까요? "다른 사람들은 너 안 미워해, 그러니까 걱정하지 마"라고 말하고 마치면 효과가 있을까요? 이건 충고일 뿐인 거잖아요. 정말 다른 사람이 나를 미워하는지 근거를 자기 손으로 찾아봐야 해요. 누군가에게 말을 걸고 그 반응을 관찰하는 경험도 해야죠. 그리고 이런 과제들을 할 때마다 상담선생님과 함께 평가해서 기존에 가졌던 신념에 조금씩 변화를 주는 거예요. 시간이 많이 걸릴 수밖에 없겠죠.

많은 사람들이 미디어를 통해서 상담전문가에 관해 왜곡된 이미지를 가지게 되는 것이 너무 안타까워요. 상담선생님은 호통 잘 치는 충고전문가도, 독심술로 극적인 공감을 이끌어 내는 마술사도 아니에요. 철저하게 단계에 따라 변화를 유도하는 사람이에요. 이걸 전문용어로는 조력자라고 해요. 도움을 주는 사람이라는 의미죠. 해결사가 아니라는 말이기도 하구요.

라포의 힘, 마음을 열어주세요!

어느날부터 가면을 쓰고 있는 저를 발견했어요..
이런 저도 상담을 받을 수 있을까요?

가면을 오래 안고 지내다보면, 마음을 어느정도
닫아놓은 상태에서 살게 된답니다

표현하지 못한 부정적감정이 사라지는 건 아니죠..

습관적으로 쓰고있는 가면은 상담할때도
마음을 여는 것을 방해할 수 있어요

마음을 열 만큼의 신뢰를 라포(Rapport)라고 해요

상담샘들은 이 '라포'를 열심히 만들어서
마음을 열 수 있도록 도와줄거에요..!

마음을 열어주세요

　이 세상을 살아가기 위해서 인간은 누구나 가면을 써야 해요. 아주 어린 아이일 때만 빼구요. 그때는 화가 나면 화내고, 슬프면 울었죠. 그러나 나이를 먹고 학년이 올라가면 내키는 대로 표현하는 데 제한이 생겨요. 사람들과 원활히 지내려면 느끼는 걸 숨기고 참아야 할 때가 있어요. 울고 싶어도 분위기에 맞추기 위해 웃어야 할 때도 있고, 화가 너무 많이 나도 괜찮다고 해야 할 때도 있죠.

　가면을 오래 쓰고 살다 보면 자연히 마음을 어느 정도 닫아놓은 상태로 살게 된답니다. 이미지 관리와 좋은 대인관계를 위해서죠. 그러나 가면이 그 사람 자체는 아니에요. 표현하지 못했던 부정적인 감정이 사라지지는 않아요. 참다 보면 어느샌가 그러한 감정에 무뎌질 수도 있지만, 자기 자신도 모르게 성격에 영향을 끼칠 수도 있어요. '나도 모르게', '본의 아니게' 저지르는 일들은 마음속에 고인 감정 덩어리들이 영향을 끼쳐서 만들어낸 행동이에요.

　상담은 스스로 해결하기 어렵다고 느끼는 문제를 다루죠? 현실에서 그런 문제들은 감정의 문제인 경우가 대부분이에요. 친구에게 말을 못 거는 것은 너무 수줍거나 두려워서고, 자꾸 싸우게 되는 것은 화를 참을 수 없어서죠. 결국 상담의 문제는 인간관계의 문제고, 인간관계의 문제는 감정의 문제인 거죠. 그렇기 때문에 상담선생님도 감정을 중요하게 생각한답니다.

　그런데 내담자가 습관적으로 쓰고 있는 가면은 상담할 때도 마음을 여는 것을 방해해요. 진짜로 생각하는 것, 실제로 느끼는 것에 관해 말하지 못하게 해요. 가면을 쓴 내담자는 일상에서 늘 그러는 것처럼 괴롭고 힘든 일에 관해 괜찮다고 해요. 부끄럽고 속상한 일은 말하지 않죠. 친구나 부모님과 의논하거나 혼자 연구해서 해결할 수 없는 문제라면 마음속에 오래 묵혀둔 것이겠죠. 그러니 마음을 열지 않으면 상담 선생님도 도움을 줄 수 없어요.

그럼 언제 가면을 벗게 되나요? 어떤 친구들의 경우에는 '여기는 상담하는 곳이니 솔직해져야지'라고 결심하고 쉽게 마음을 열기도 해요. 그러나 내담자들은 상담하다 보면 의지가 있어도 자기도 모르게 마음을 닫곤 해요. 마음열기가 저절로 되는 게 아니구요. 상담선생님을 진심으로 믿게 되었을 때 비로소 필요한 만큼 솔직해질 수 있어요. 그 신뢰를 상담심리학 용어로는 '라포'라고 해요.

드라마나 영화에서 상담전문가들이 내담자 이야기를 하염없이 들으면서 '힘들었겠군요', '그래도 잘 버텨냈군요'라는 말을 하는 이유는 라포를 만들기 위해서에요.

라포를 만드는 일은 선의를 가지고 있다고 저절로 되는 일은 아니에요. 이건 훈련이 필요한 상담 기술이에요. 잘 듣는 것을 경청이라고 하고, 감정을 알아주는 것을 공감이라고 하죠. 그리고 있는 그대로를 인정해 주는 것을 수용이라고 해요. 이 세 가지 기법은 전문가가 아닌 사람이 현실에서 취하기는 어려운 태도이기 때문에 내담자들은 상담실에 오면 특별한 느낌을 받게 되죠. 경청을 잘 하려면 다른 사람의 말 자체와 이면에 있는 의미를 잘 파악할 줄 알아야 해요. 공감을 잘 하려면 감정의 원리에 관해 알고 있어야 하구요. 수용을 하려면 인간에 관한 폭넓은 이해가 필요해요. 물론 연습도 하구요.

온정적인 상담자를 만나 이해받고 그것 자체가 치유 효과가 있는 경우도 있어요. 그러나 라포형성 과정을 상담의 전부라고 생각하면 곤란해요. 라포는 상담의 초기에 만들어서 끝날 때까지 이어가야 할 하나의 과제일 뿐이에요. 그 자체가 상담 목표를 이룬 것은 아니니까요. 상담이 중반쯤 접어들면 내담자들은 고통스런 자기성찰을 해야 하기도 하고, 딱딱한 문제해결 과정을 밟아야 하기도 해요. 따뜻하고 달콤한 것만 상담의 전부는 아닌 거죠. 그러나 괜찮아요. 상담선생님을 믿으면 이런 과정을 이겨 나갈 수 있게 되고 단순히 위로 받는 것보다 더 큰 보상을 얻을 수 있을 거예요.

그러니 일단 가면을 벗고 마음을 열어주세요. 이 과정을 더 편하고 자연스럽게 하기 위해서 상담 선생님도 최선을 다해 도와줄 거예요.

05

상담샘이 독심술을 못 하는 이유

심리학 이야기를 조금 더 해 볼게요

다미쌤이 그의 마음을 읽지 못했던 이유는 뭘까요?

인간의 마음에 관한 이론은 심리학의 시작(1879~)
이전부터 지금까지도 무수히 많죠

심리학은 과학의 한 분야이고, 과학은 어떤
사실을 주장할때 반드시 근거가 있어야 해요.

발달/생물학적
감정조절 담당하는
뇌기관 발달 문제

환경적
가정의 거친
양육방식

경험/학습적
과거 친구에게
괴롭힘을 당한 경험

부셔버린
거야악~

ex) 분노조절문제 케이스 분석

ㄷㄷ...

혹시 나를 잠깐
보고 쉽게 평가해
버리면 어떡하지
...

노놉..

상담샘들은 이런 초자연적인 능력은 없으니 ㅠ ;
걱정말고 드루와용 ~ ^^   독심술 · 미래 예측하기..

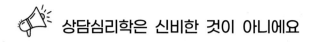

상담심리학은 신비한 것이 아니에요

　심리학은 언제 생겼을까요? 답은 1879년이에요. 선생님은 이 숫자를 위키백과를 안 찾아보고도 쓸 수 있어요. 대학교 1학년 첫 수업시간 때 교수님이 심리학이 탄생한 시기를 외우라고 했거든요. 지금 생각하면 그때 배운 것 중 까먹은 게 많지만 저 숫자는 워낙 열심히 외웠기 때문에 잊을 수가 없었어요. 어때요? 한 학문의 역사 치고는 참 짧죠?

　그 전에도 인간의 마음에 관해서 무수한 이론이 있었어요. 심리학 이전에는 주로 인간 마음에 관해 철학자들이 많이 언급했어요. 예를 들어 중세 철학자들은 인간을 이성적 동물로 봤어요. 그 뒤의 철학자들은 이성만을 중시하는 이념에 대한 반감으로 인간의 감정적 측면을 더 중시하기도 했죠. 인간을 자유의지를 가지고 무엇이든 해낼 수 있는 존재로 보는 사람도 있었지만, 환경자극에 수동적으로 반응하는 기계와 같이 여기기도 했어요. 이 밖에도 종교인들, 과학자들, 인간정신에 관심 있는 모든 사람들이 자신이 관찰하고 목격한 바에 따라 자기만의 이론을 만들었죠.

　이런 신념들은 고정관념으로 만들어지기도 해요. 예를 들어 전라도 사람이나 충청도 사람 혹은 경상도 사람에 관한 성격 이론이 있죠. 특정 지역 사람들 대한 편견이요. 눈이 째진 사람, 코가 큰 사람, 얼굴이 둥그런 사람에 대한 성격이론을 우리는 관상이라고 불러요. '고통을 참으면 마음이 강해진다.' '인간은 욕망의 동물이다.' 제가 책 혹은 주변 사람들에게 들은 말이 살짝만 떠올려 봐도 인간을 서술하는 말은 정말 많네요.

　1879년은 독일에서 심리학 실험실을 설립한 해에요. 인간의 마음을 실험실에서 연구를 통해 규명하기 시작했어요. 심리학자들은 가설을 세우고, 독립군과 대조군을 만들어 실험을 하고, 이론이 틀리면 수정하기도 하면서 심리학을 발전시켰죠. 상담심리학도 마찬가지에요. 정해진 집단에게 심리치료를 시도하고 그 결과를 분석해서 이론으로 남겼어요. 심리검사 만들 때는 수많은 사람들에게 실시해 보고 결과 자료를 모아 이 검사를 써도 될지 검증했어요. 심리학자들은 실험과 조사를 통해 규명되지 않은 이론은 애초에 심리학으로 여기지 않아요.

　과학은 어떤 사실을 주장할 때 반드시 근거가 있어야 해요. 그래서 심리학자는 독심술을 하지 못하는 거예요. 얼굴 표정, 낯빛, 차림새 등등에서 얻는 정보는 그 사람 전체를 이해하는 데 너무 부족하기 때문이에요. 예를 들어 분노조절 문제로 온 내담자의 문제를 찾는 상황을 생각해볼게요. 어떤 사람은 화를 너무 많이 내는 아버지를 모방했을 수 있죠. 뇌 기관 중 정서조절과 관련된 기관이 발달이 덜 되었을 수 있어요. 가족, 친구, 주변인에게 너무 괴롭힘을 많이 당했을 수도 있죠. 이런 경우라면 겉으로는 분노조절이 문제인 것처럼 보여도 겉으로 보여준 것보다 본인은 더 많은 화를 참았을 수 있어요. 물론 내담자의 문제는 설명한 원인들 중 여러 가지가 겹쳤을 확률이 높겠죠.

　저는 '인간이란 OO다!'라고 미디어에서 인간을 너무 쉽게 말하는 걸 보면 염려가 돼요. 인간이 얼마나 복잡한데요. 한두 문장으로 정의할 수도 없고 그래서도 안 되죠. 누군가 자신이 인생 경험이 많아 사람을 빨리 이해한다고 믿고 자신의 추측 결과가 매번 맞았다고 평가한다면 그 사람은 천재인가요? 오히려 그 사람은 자기가 보고 싶은 것만 보고 자기 의견과 반대되는 증거는 무시하는 사람이겠죠. 자신이 보고 듣고 경험한 바를 자의적으로 해석하는 건 과학자의 태도가 아니죠.

상담실 앞에서 서성이는 여러분의 고민 중 하나는 이거죠. '혹시 날 잠깐 보고 쉽게 평가해 버리면 어떻게 하지?' 내가 현재 겪고 있는 힘든 상황이나 마음을 어렵게 꺼냈을 때 한두 마디로 일축해버리는 주변 사람들 때문에 받았을 상처를 이해해요. 그러나 상담선생님들은 이야기해보기 전에는 알 수 없다는 겸손한 자세로 여러분을 대할 거니까 걱정하지 마세요. 저희는 초자연적인 능력이 없는 보통 사람이고, 상담심리학은 신비한 것이 아니니까요.

06

변화에는 시간이 필요해요.

저는 변조절 문제로 상담을 한번 받았었는데..

근데 왜 금방 좋아지지 않는 건가요?

많은 사람들이 궁금해 하는 질문이에요

변화를위한 조건들도 필요하고.. 뿐만 아니라
충분한 시간이 없다면 변화가 일어나지 않아요.

변화는 아기의 걸음마 과정과도 비슷하답니다.

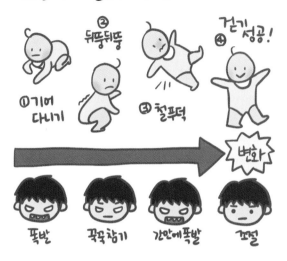

꼼더 여유로운 마음가짐을 가졌으면 좋겠어요!

📢 충분한 시간이 필요해요

상담심리학에서는 내담자의 상태가 호전되는 걸 '변화'라는 용어로 표현해요. 타인에 관한 적대감이나 피해의식을 버리는 것, 자기 자신을 비난하는 습관에서 벗어나는 것, 자신에게 도움이 되지 않는 말투나 행동습관을 고치는 것, 세상의 좋은 이면을 바라보게 되는 것, 관계 맺기 기술을 배워 대인관계가 부드러워지는 것 등등. 상담을 통해서는 많은 종류의 변화가 있을 수 있어요.

이러한 변화가 있기 위해서라면 본인에게 절박함이 있어야 하고, 변화를 도울 수 있는 상담 선생님을 만나야 해요. 좋은 친구, 부모님, 선생님이 옆에서 지켜준다면 효과가 더 커질 거예요. 그러나 이 모든 것을 갖추어도 충분한 시간이 없다면 변화가 일어나지 않아요. 상담의 효과는 단시간 안에 나타나기 어려워요.

변화에 있어 시간의 효과가 어떻게 나타나는지는 걸음마를 하는 아기를 보면 실감이 날 거예요. 어린 아기는 자기 몸을 제대로 가누지 못할 때부터 어떻게든 걸어 보려고 해요. 겨우 서게 되면 한발을 내딛고 넘어지고, 그러면 또 일어나서 또 넘어지고를 수없이 반복해요. 몇 발자국이라도 균형을 잡고 앞으로 나아가는 데는 오래 걸리죠.

우리의 마음도 마찬가지에요. 상담선생님과 함께 세운 계획을 실천하는 과정은 뒤뚱뒤뚱 삐그덕 대는 과정일 거예요. 상담을 하기 이전에 오랜 시간동안 마음속에 자리 잡은 생각은 쉽게 바뀌지 않아요. 바뀔 듯 바뀔 듯하다가도 다시 습관에 휘말리게 되죠. 태도에 내재된 행동습관도 마찬가지에요. 조금만 기분 나빠도 화를 내고, 껄끄러우면 일단 도망가고, 인터넷이나 약물에 의존하는 행동들도 고치려는 시도와 다시 원상태로 돌아가는 습관 사이의 줄다리기를 반복해야 해요. 종종 실수도 할 거구요. 그건 나쁜 게 아니에요. 인간이라면 누구나 당연한 거예요.

그래서 상담에는 시간이 필요해요. 서로를 알아가는 데 걸리는 시간, 마음을 여는 데 걸리는 시간, 계획을 세우는 데 걸리는 시간, 그리고 실천을 하는 데 걸리는 더 긴 시간. 앞에서 상담은 10회기 정도 한다고 했죠. 한 회기 약 50분 정도로 계산해서 10회기 상담을 한다면 거의 8시간 이상이 필요해요. 하지만 이 시간을 너무 낭비라고 생각하지는 마세요. 인생의 장애물 같던 문제가 상담선생님과 의논하다 보면 평생을 간직할 교훈이 되기도 한답니다.

상담선생님과 보낸 몇 달 정도의 시간이 끝나고 나면 그 뒤로는 상담선생님과 의논 없이 스스로 계획을 실천해야 해요. 상담을 하면서 새로 만들어낸 습관을 계속 지켜나가야 하니까요. 또 다른 문제가 생기거나 해결했던 문제가 반복되면 또 다시 상담실을 찾을 수도 있겠죠. 하지만 상담선생님 없이도 스스로를 계속 다독여 나가며 상담을 통해 얻은 교훈을 이용한다면 더 좋을 거예요. 다시 말하지만, 변화는 시간이 필요하니까요.

이 책을 읽는 여러분이 시간에 관해서 더 여유로운 마음가짐을 가졌으면 좋겠어요. 빠른 것이 꼭 좋고, 느린 것이 꼭 나쁜 건 아니랍니다. 지금 당장 효과가 없어 보이는 활동이 인생 전체를 보면 꼭 필요한 훈련일 수 있거든요. 이건 마음을 변화시킬 때 뿐 아니라 공부를 할 때든, 기술을 익힐 때든 마찬가지예요. 당장 현실이 내 뜻대로 안 되더라도 변화에 관한 굳은 믿음을 유지한다면 반드시 성장할 수 있을 거예요.

07

상담의 성과는
여러분들에게 달려있어요.

상담의 성과는 여러분들에게 달려있어요

예를들어, 이런고민으로 상담실에 온다면 ...

상담에 잘 참여하고 과제들도 잘 실천해야 돼요.

변화하겠다는 마음을 잊지않고 이 기간동안 성찰한다면
원하는 결과를 얻을 수 있을 거에요!

📢 상담실 문을 두드려 주세요

　어때요? 상담에 관한 오해가 많이 풀리셨나요? 제가 1장에서 이러한 주제들을 다룬 이유는 상담이 필요한 여러분들이 학교상담실에 더 주저하지 않고 올 수 있도록 돕기 위해서였어요. 잘 모르고 막연한 두려움 때문에 상담이 필요한 순간을 놓치면 너무 아까우니까요.

　제가 여러분 입장이라면 염려할 만한 점들에 관해서 설명을 해 드렸어요. 상담실은 대뜸 충고하는 곳이 아니라는 점, 여러분의 상황과 사정을 모르면서 함부로 말하지 않을 거라는 점, 상담선생님은 이 분야에 관해 지식과 기술을 오랫동안 익힌 사람이라는 점, 어떤 순간에도 조급한 마음으로 내담자를 몰아대지 않을 거라는 점을 이야기했어요.

　그리고 학교 상담선생님들은 특별한 기분을 느낄 수 있도록 여러분을 대한다는 것도 설명했어요. 그건 마음을 열기 위해서라구요. 취조하듯이 마음을 강제로 열면 그 사람이 겪었던 사건에 관해서는 들을 수 있을지 몰라도 감정에 관해서는 전혀 알 수 없으니까요. 그런 면에서 시간이 필요하다는 것도 이야기를 했지요.

　또 하나 첨언하면, '내 문제가 대체 뭘까'라는 고민도 상담의 대상이 될 수 있어요. 뭔가 찜찜하고 기분은 이상할 때 있죠. 안 좋은 기분이 계속 지속되는데 주변 환경에는 아무 문제가 없어 내가 왜 이럴까 싶을 때도 있어요. 상담실에 가면 잘 정리되고 명확한 내 문제를 말해야 할 것 같잖아요. 근데 머릿속이 정리가 안 되어 있으면 가서 벙어리처럼 앉아 있다 올까봐 걱정할 수 있죠.

'저 요새 너무 이상해요. 상담을 받아야 할 거 같은데 딱히 꼬집어 뭐가 문제라고 말 잘 못하겠어요'라고 말하는 것. 당연히 그래도 되고 그렇게 말할 수 있다는 건 정말 큰 성장이에요. 자기 마음에 관해서 백 퍼센트 다 아는 사람은 없어요. 상담을 너무 받고 싶은데 내 문제가 뭔지 모르겠을 수 있죠. 그럴 때는 내 문제를 찾는 것도 아주 대표적인 상담 목표가 될 수 있어요. 그렇게 찾은 어려움을 같이 해결하는 것도 그렇구요.

이제 제가 예상하는 여러분의 마지막 질문은 이거에요. '이거 정말 효과 있는 거 맞아요?'라는 질문이에요. 이에 관한 대답은 조건부로 할 수밖에 없어요. '여러분이 하기에 달려 있어요'라구요. 뭔가 화려하게 상담실을 홍보해 놓고 갑자기 책임 떠넘기기 하는 것처럼 보이죠? 하지만 어쩔 수 없어요. 상담이 효과가 있으려면 스스로 책임지는 게 제일 중요하거든요.

온 세상 사람이 다 자신을 미워하는 것처럼 생각하는 사람들이 있어요. 이런 사람들에게는 그 증거를 찾아보는 것이 중요한 상담 과정이에요. 친구가 나를 미워한다는 증거, 가족이 나를 미워한다는 증거, 선생님이 나를 미워한다는 증거 등. 이렇게 일일이 증거를 찾아보면 막연하게 생각했던 것과 실제는 다를 거예요. 예를 들어 친구가 다른 일로 기분이 나빠있는 상태에서 조금 까칠하게 말한 걸 자신을 미워해서 그렇게 말했다고 생각했을 수 있어요. 심지어는 아무런 증거 없이도 나를 미워한다는 느낌이 들었다는 걸 깨달을 수 있구요.

상담 효과가 나타나려면 이런 과제들을 잘 실천해야 해요. 그리고 자신의 왜곡된 생각을 알아차리고 바꾼다면 이전에 느꼈던 고통스러운 감정을 덜 느끼게 되겠죠. 길다면 길고 짧다면 짧은 상담 회기 동안 변화하겠다는 마음을 잊지 않고 이 기간을 통해 성찰한다면 분명 원하는 결과를 얻을 수 있을 거예요.

상담실이

어떤 곳인지 궁금해요

08

상담받기 좋은 시대

우리가 '힘들면 상담받을 수 있어'라는 생각을
할 수 있게 된 건 20년도 안 됐을 거예요.

상담심리학도, 상담에 대한 인식 변화도,
전문상담교사와 학교상담 제도도 역사가 무지 짧아요.

우리가 심리상담을 받을 수 있는 곳들은 ...

① 사설상담센터
- 전문가가 개인 운영하는 상담소
- 시간당 약 5~10만원 (지역·센터따라 다름)
- 전문가의 소지 자격증이 천차만별

② 정신과 병원
- 약처방 가능
- 병원에 따라 의사/임상심리사/ 파트타임 상담사 상담가능
- 상담비는 ①과 비슷 (처방비 별도)

③ 상담·복지관련센터
- 상황 및 효율문제에 맞게 무료이용
- ex) 청소년상담복지센터 건강가정지원센터 정신건강증진센터 도박중독관리센터 :

④ 학교상담실 (=위클래스) ✗ 아직 없는 학교도 있음ㅠ

- 찾기 쉽고(교내) 이용하기 좋은곳에 위치
- 상담쌤 상주 · 무료이용

저 문만 열고들어오면..

항항

oo 인정 ♪

상담받기 좋은 시대에 살고있어요

 **상담실을 안내할게요**

　지난 장에서는 상담이란 무엇인지 기본적인 밑그림을 그릴 수 있도록 상담에 관해 설명했어요. 특히 상담에 관한 오해에 관해 많이 다루었죠. 저는 상담을 받아야 할 학생들이 상담에 관한 편견과 부정적 믿음 때문에 상담실 내방을 망설이거나 포기한다고 생각했거든요. 다시 말하지만, 상담은 항상 상담선생님과 둘이서 하는 일이에요. 그렇기 때문에 어떤 주제를 다룰지도 의논을 해서 결정해요. 자기 문제를 꺼내야 한다는 두려움, 주저함, 고통도 상담선생님은 이해하죠. 그래서 저희는 재촉하지 않아요. 상담선생님에게 자기 문제를 예쁘게 잘 정리해야 한다는 생각, 정답을 이야기해야 한다는 부담감, 완벽하게 실천해야 한다는 압박감도 내려놓으셔도 괜찮아요. 그러면 이번 장에서는 상담실에 방문해야겠다고 마음먹은 여러분이 쉽게 찾아오도록 이 공간을 안내해 줄게요.

　1장에서 제가 심리학이라는 학문이 1879년에 정식 출범했다고 설명한 바 있죠. 보통 우리나라에서는 심리학 하면 학교상담실에서 저 같은 사람이 배워서 써먹는 상담심리학, 병원에서 심리검사와 심리치료를 담당하는 인력들이 공부하는 임상심리학을 주로 떠올려요. 요새는 범죄자들의 마음상태를 연구하는 프로파일링, 즉 범죄심리학도 많이 유명해졌죠. 그런데 이런 분야들은 심리학 전체로 보면 일부분이라고 할 수 있어요. 한국에는 상담심리학회와 대등한 심리학 분과가 무려 15개나 있답니다.

상담심리학의 역사는 당연히 심리학의 역사보다 훨씬 짧아요. 미국에서는 이 분야가 1950년대 이후에 인정받기 시작했어요. 여러분의 할아버지, 할머니가 태어났을 시점이죠. 한국에서는 이 명칭을 1980년부터 본격적으로 쓰기 시작했으니 길게 잡아야 국내 상담심리학의 역사는 40년 정도이죠. 우리가 '당연히 정신적으로 힘들면 상담을 받아야 해'라고 생각한 지는 얼마나 됐을까요? 아마 20년도 되지 않았을 거예요.

선생님이 지금 가지고 있는 자격증을 '전문상담교사'라고 해요. 이 자격증은 2005년에 생겼고, 전문상담교사가 일하는 학교상담실은 2007년에 생기기 시작했어요. 지금처럼 웬만한 학교마다 학교상담실이 있게 된 것은 5년 정도 되었죠. 이렇게 말하니까 상담심리학도, 상담에 관한 인식의 변화도, 전문상담교사와 학교상담 제도도 모두 역사가 엄청나게 짧죠?

이 기간 동안 인간의 마음에 관한 생각 자체가 단시간 안에 혁명적으로 바뀐 거예요. 과거에는 마음이란 강철 같은 의지력으로 통제해야 하는 대상이었어요. 아파도 참고 견디면 저절로 단련되서 괜찮아진다고 믿었던 거죠. 지금도 정신적인 문제를 안고 있는 사람들을 간혹 의지력 빈약으로 취급하는 경우가 있기도 해요. 상담을 나약해서 받는다고 생각하는 사람들이에요. 하지만 더 많은 사람들은 인간의 마음도 몸처럼 아프면 치료도 요양도 필요하다고 생각하죠. 이런 의식의 변화가 저는 너무 반가워요.

심리상담을 받는 곳을 보통 센터라고 불러요. ○○○심리상담센터라는 이름이 대표적이죠. 여러분이 지나가다가 상가에서 본 이러한 장소들은 상담심리사 자격증을 가진 전문가가 개인적으로 돈을 받고 상담을 해 주는 곳이에요. 보통 일주일에 한 번씩 이루어지는 한 시간의 상담을 하죠. 상담료는 지역이나 센터마다 다르지만 한 시간에 5만원에서 10만원, 혹은 그 이상을 받기도 해요. 다음에 자격 제도에 관해 다시 말하겠지만, 심리학회나 국가에서 주는 자격증이 없이 센터를 운영하는 사람도 있어요. 이런 경우 질 좋은 상담을 받지 못할 수도 있어요.

정신과가 있는 병원에서도 상담이 이루어지곤 해요. 의사 선생님과도 상담선생님과 하는 종류의 개인상담을 할 수 있어요. 그러나 병원은 보통 약을 처방하는 걸 우선으로 생각해요. 대신 병원 중 상담심리 혹은 임상심리 분야의 전문가가 상주하는 곳도 있어요. 이곳에서는 심리치료 목적의 상담을 하죠. 이 경우에도 상담하는 데 드는 비용은 비슷해요.

그 밖에도 도박중독센터, 알콜중독센터, 인터넷중독센터, 각 종교 기관 내의 센터, 아동복지기관 내의 센터 등 특정한 목적을 가지고 지어진 센터들이 있어요. 연령, 직업, 처한 상황 등에 따라 골라서 이용할 수 있지요. 여러분 같은 청소년의 경우 기초자치단체마다 하나씩 있는 청소년상담복지센터를 이용하는 게 가장 일반적이에요. 이러한 센터들은 모두 무료입니다. 특히 청소년상담복지센터는 학교 상담실을 이용하는 게 꺼려질 때 대안으로 선택할 수 있어요. 1388이라는 대표번호로 전화만 하면 상담예약을 할 수 있죠.

마지막으로 학교상담실이 있죠. 보통 위클래스라고 불러요. 매일 아침부터 오후까지 머무르는 곳에 별도의 상담실이 있는 거죠. 당연히 제일 찾기 쉽고 이용하기도 쉬워요. 새로운 곳에서 낯선 사람을 만나기를 꺼리는 친구들에게는 안성맞춤이죠. 특히나 학교상담실은 더 전문적인 상담을 받기 위한 관문이 될 수 있어요. 제가 앞에 소개한 각종 센터와 병원을 안내해 주는 것도 상담선생님의 일이거든요.

인류의 역사 속에 마음건강을 위한 상담이라는 개념 자체가 있었던 시간은 손톱만큼 짧아요. 그 안에서 전문상담교사 제도가 있었던 기간은 더더욱 짧구요. 하지만 상관없어요. 시대가 변했죠. 현재는 그 어느 때보다 심리적 문제에 관한 상담을 편하게 할 수 있어요. 여러분에게는 기회인 거죠.

09

어떤 문제를 상담 받나요?

상담을 통해 어떤 문제들을 다룰수 있나요?

여기 와서 보통 어떤 애기를 해요?

어색..

응... 힘든애기 ?

상담과 비슷하게 여겨지는 코칭 / 심리치료와 비교하면서 상담에 대해 설명해 줄게요.

'코칭'은 특정 목표 달성을 위해 돕는 활동이에요.

코칭주제	상담주제
다이어트	자존감
취직	감정조절
건강	성격
커리어	대인관계
인생계획	우울/불안
⋮	⋮

의쌰 의쌰

너무 힘드러요

목표 자체에 집중하고, 문제 보다는 성장에 초점을 맞추므로 상담보다는 가벼운 주제를 다룹니다.

'심리치료'는 상담과 많이 혼동되어 사용 되는데..

심리치료
주제

우울이 너무심해서 자신의
의지로 아무것도 할수 없음
(2주이상 매일지속)

"우울장애"

화났을때 주변을
파괴 + 후회
(무한반복)

"간헐적
폭발장애"

엄밀히 따지면 심리치료는 상담으로 다루게엔 무거운
문제들에 대한 것으로, 약물치료와 함께하기도 합니다.

코칭   상담   심리치료

결정하기 어렵다면
일단 상담에 와서
같이 고민해보자!
도와줄게!

이 분야의
전문가 - ★

신   중

상담의 위치좌표를 알려줄게요

보통 '상담이 뭘까요?' 하면 가장 먼저 떠오르는 이미지는 두 사람의 대화에요. 마주앉아서 아주 진지하게요. 깨끗하고 정갈한 탁자와 인자하게 생긴 상담선생님이 있구요. 그런데 대화를 한다고 해서 다 상담이 아니랍니다. 대화의 목적과 내용, 그리고 그 무엇보다 대화에서 다루는 주제의 무게가 심리적 문제해결을 목적으로 하는 상담과 그렇지 않은 것을 구분한답니다. 학교 상담실에서 이루어지는 상담이 무엇인지 밝히기 위해 대화의 방식을 취하는 다른 활동들과 비교해 볼게요.

먼저 코칭이 있어요. 코칭도 상담과 매우 비슷합니다. 코칭은 고객이 특정 목표를 달성하도록 클라이언트가 도와주는 활동이에요. 코칭이라는 단어는 생소할 텐데 우리가 보통 어딘가에서 인생에 필요한 조언을 받는 걸 떠올리시면 돼요. 활동 수단이 대화인 것이 상담과 유사하죠. 여기서 목적은 대체로 '인생 목표'라고 할 수 있어요. 다루는 주제는 다이어트, 취직, 건강, 스트레스 문제 등 상담에 비해서 훨씬 넓어요. 직장에서의 커리어나 인생 계획등도 그 대상이 될 수 있죠. 상담보다는 코칭이 훨씬 더 격식이나 규칙이 없고 편안하죠.

코칭은 그 사람을 성장시킬 수 있는 문제를 다루지요. 구체적 고민이라는 마이너스 요인보다는 전반적 성장이라는 플러스 요인에 더 초점을 맞춰요. 문제를 해결하면 더 나은 사람이 되지만, 그렇지 못해도 괴로운 건 아니에요. 하지만 상담이 다루는 문제는 성격이 달라요. 이때 얘기되는 문제는 내담자를 힘들게 하죠. 당장의 고통을 덜고자 하는 절박함이 있어요.

그렇기 때문에 문제를 다루어가는 방식도 달라져요. 코칭은 목표 자체에 집중할 수 있어요. 클라이언트라는 인간 자체에 관해서는 기본적 정보만 알아도 괜찮아요. 물론 자세히 알면 더 좋겠지만요. 반면, 상담은 목표달성을 위해서 내담자에 관해 많은 것을 상담자가 알아야 해요. 모르면 아예 도움을 줄 수가 없어요. 가족, 인생사, 신체적 건강, 일반적 감정상태에 관해 거듭해서 묻는 이유가 그거에요. 절박한 문제인데도 해결이 어려웠으면 그 사람의 문제는 스스로 인식하는 것보다 깊은 곳에 원인이 있을 테니까요.

그렇지만 다른 면에서, 상담은 심리치료와도 달라요. 상담은 다루는 주제가 내담자를 힘들게 하는 문제 자체에요. 반면 심리치료의 대상은 정신질환이죠. 심각한 고민이 있다고 해서 다 정신질환이 있는 건 아니잖아요. 많은 사람들이 심리치료와 상담을 혼동하곤 하죠. 심리치료는 의료행위에요. 정신질환을 치료하기 위해 투약과 함께 심리치료를 하곤 하죠. 물론 대화의 방법을 주로 쓴다는 것은 유사해요.

역시 상담과 심리치료도 문제의 성격이 달라요. 심리치료가 다루는 정신질환의 문제가 훨씬 더 깊고 아프죠. 당연히 심리치료는 시간도 더 오래 걸리겠죠. 상담은 대인관계 문제, 환경 등 외부 요인 등을 다양하게 다룰 수 있지만 심리치료는 훨씬 더 환자 자체에 초점을 좁힐 수밖에 없어요. 주로 성격 문제에 집중하구요.

1장에서 제가 '자기 자신을 어쩌지 못할 때'는 상담실보다 병원을 찾아야 한다고 말씀드린 적 있죠. 사실 걱정할 필요는 없어요. 상담선생님이 그 문제가 병원을 찾을 문제인지, 상담을 받을 문제인지 결정하는 것을 도울 수 있으니까요. 상담 선생님은 이 분야의 전문가니까 잘 판단

할 수 있도록 도움을 줄 거예요.

　그러면 '자기 자신을 어쩌지 못한다'라는 말이 무슨 말일까요? 우리는 이별 앞에서, 뜻대로 되지 않는 현실 앞에서 슬픔이라는 감정을 느끼곤 하죠. 이러한 감정이 더 깊어지면 우울이지요. 우울의 정도가 심해지면 우울은 생각을 잠식해요. 기분이 안 좋으면 공부가 잘 안 되었던 경험을 한 적 있죠? 우울이 심하면 아예 책을 잡을 수 없을 정도가 되기도 합니다. 판단이나 생각도 멈춰버려요. 이때는 자신의 의지로 아무것도 할 수 없는 상태가 됩니다. 그걸 우울증이라고 하죠.

　또는 화를 지나치게 못 참는 사람을 떠올려 봐요. 우리는 아무리 화가 나도 주변의 물건을 부수거나 사람을 때리면 안 된다는 걸 다 알고 있어요. 그걸 알아도 자신을 스스로 통제할 수 없는 사람들이 있어요. 너무너무 화가 나서 주변을 파괴한 다음 후회하고, 다시는 그러지 말아야지 하다가 또 사고를 치고 망연자실하는 일이 반복되죠.

　전자를 우울장애, 후자를 간헐적 폭발성 장애라고 해요. 이런 증상이 있는 사람은 팔이 부러지거나 내장기관이 망가진 것에 비유할 수 있어요. 의지력을 가지고 회복이 안 되는 거죠. 질병은 상담으로 해결할 수 없기 때문에 필요하면 약을 먹어야 해요. 그리고 그 증상과 그 안에 깔린 성격 문제만 전문으로 다루는 치료를 받아야지요.

　이제 상담의 위치좌표를 알겠죠? 상담은 코칭과 심리치료의 중간에 있어요. 심각하게 해결해야 할 문제가 있지만 질병의 영역에는 다다르지 않는 그곳에요. 여러분은 도대체 그걸 어떻게 구분할 수 있냐고 물으실 테죠. 이를 엄격하게 구분하려고 애쓰지 말고 학교상담실의 문을 두드리세요. 함께 고민해 보자구요.

10

믿을 만한 상담 전문가

저는 상담분야에 관심이 있어요

샘 저 질문이여~

심리학과 나오면 위클래스쌤 할수 있나요??

상담전문가들은 다 믿어도 돼요?

전문상담교사 및 상담관련 자격증에 대해 알려주세요

전문상담교사가 되려면 <1> 또는 <2>의 과정을 거쳐요.

<1> 학부 교직이수

심리/상담 전공으로 대학 진학
- 교직이 설치된 대학교

학점관리

2학년때 → 교직이수 신청

보통 정원의 5%, 경쟁률 치열 (학점 매우중요) 교생실습등 힘든 일 多

수업료↓ (교육대학원)

졸업·교원자격증 취득 (전문상담교사 2급)

약 3년

<2> 교육대학원 진학

학부 졸업후 상담심리전공으로 교육 대학원 진학
- 각 학교마다 입학 전형다름

임용고시 응시

헬게이트

축 합격

생각하고싶지도 않아요...

ㄷㄷ 기억이 안나요...

전공과목은 상담을 하려면 필수적으로 알아야 하는 것들이고,

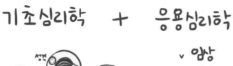

기초심리학 + 응용심리학

∨ 임상
∨ 상담
∨ 범죄
∨ 심리평가
∨ 교정
∨ 학교
∨ 조직
⋮

전공에 대한 기초지식이 충분한 상담자여야 새로운 상담이론·기술들을 익히고, 자신의 상담에 책임질수 있어요.

한편, 충분한 훈련/자격 없이도 받을수 있는 상담관련 자격증들도 많으니 주의해야 해요.

교육부 / 보건복지부 / 여성가족부
인정한 국가자격증 ★

&

상담심리학회 / 상담학회 등
★ 공인된 기관의 민간 자격증

ㅇㅈ~

전적으로
저를 믿으셔야
합니다—

자격을 갖춘 상담자를 만났다면, 그들은 믿어도 됩니다!

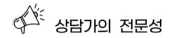

상담가의 전문성

　'상담선생님은 상담의 전문가입니다.' 이 말이 어떻게 느껴지시나요? 아마 너무 당연한 말이라서 굳이 이야기할 필요가 없어 보이죠? 하지만 이 말은 정말 중요한 말입니다. 제가 이 이야기를 꺼내는 이유는 전문가라는 단어는 많은 의미를 함축하고 있기 때문이에요.

　인간의 마음은 눈에 보이지 않습니다. 마음과 달리 보이는 것은 측정이 됩니다. 예를 들어 중력가속도와 공기저항을 알면 옥상에서 떨어트린 공이 얼마정도의 속도로 이동할지 알 수 있습니다. 이 현상에 관해서는 이제 논쟁의 여지가 없죠. 하지만 인간의 마음처럼 보이지 않는 것을 이야기할 때는 측정이 어렵습니다. 누군가에게 욕설을 들었을 때 상처를 얼마나 받았는지 잴 수 있을까요? 로또에 당첨되었을 때 기쁨의 크기는 얼마일까요?

　이처럼 마음은 측정이 되지 않습니다. 눈에 보이지 않지만 모든 사람이 매 순간 경험하죠. 인간은 자신의 감정, 생각, 행동을 보고 느낄 수 있는 존재니까요. 그러므로 실험과 연구 없이도 경험이 쌓이면 자신만의 심리학 이론을 만들곤 합니다. 다양한 사람들을 지속적으로 관찰한 결과를 가지고 말이죠. 그게 결국 우리가 '인생의 지혜'라고 부르는 것이 됩니다. 그러나 세상은 넓고 인간은 다양하기 때문에 자신에게 적용할 수 있는 이론을 다른 사람에게도 대입할 수는 없어요. 결국 인간은 제한된 신체적, 문화적 환경에서만 살아가게 되기 때문이죠. 혼자 만들어 낸 심리학 이론은 사적 지식이에요. 이는 심리학적 지식과는 달라요. 심리학자는 다양한 배경과 계층, 신체적 문화적 조건의 사람들을 대상으로 검증된 측정기법, 통계장치를 이용하여 연구하니까요.

하지만 사람들은 자신의 마음 이론에 관해 과도한 자신감을 가집니다. '자기 위주의 편향'이라는 현상 때문이에요. 자신이 다른 사람보다 더 훌륭하다고 모든 면에서 낫다고 생각하는 성향이지요. 예를 들어 한 대학의 연구에서 94%의 교수들이 자신이 평균보다 강의를 잘 한다고 응답한 적이 있죠.[*] 만일 이 조사에 참여했던 교수들이 자기 자신을 잘 파악하고 있었다면 50%만 자신이 평균보다 낫다고 응답했겠죠. 그 밖에도 운전실력, 기억력, 건강, 지능 등에서도 자기 자신이 뛰어나다고 믿는 성향이 나타났습니다.[**] 거의 모든 사람들에게 나타나는 보편적인 성향인 거죠. 위의 '인생의 지혜'가 쌓인 상태에서 누구나 가지고 있는 성향인 자기 위주의 편향이 나타나면 '내가 이렇게 인간에 관해서 잘 아니, 상담도 잘 하겠지'라고 생각하게 되는 거죠.

상담선생님은 상담의 전문가입니다. 대학 혹은 대학원에서 몇 년간 상담과 관련된 공부를 해요. 이 안에는 상담을 하려면 알아야 하는 과목들이 포함되어 있습니다. 인간의 생물학적/사회적 성장에 관해 연구하는 발달심리학, 환경으로 인한 행동의 변화를 연구하는 학습심리학, 인간의 사고과정을 이해하는 인지심리학, 상담기법과 절차를 배우는 상담심리학, 정신장애를 배우는 이상심리학, 심리적 문제를 평가하는 다양한 도구들을 배우는 심리검사 등이 이 안에 포함되어 있어요.

대학 혹은 대학원에서 한 과목을 이수한다는 것은 방대한 분량의

---

[*] Cross, K. Patricia (Spring 1977). "Not Can But Will College Teachers Be Improved?". New Directions for Higher Education. 1977 (17): 1- 15.

[**] 영문 위키피디아 『Illusory superiority』 항목
https://en.wikipedia.org/wiki/Illusory_superiority#cite_note-19

관련 대학교재 한 권을 전부 읽는다는 의미입니다. 해당 분야만 10년 이상 연구한 박사급 교수의 강의를 듣고 평가를 거쳐서 그 과목을 제대로 이해했다는 판정을 받았다는 것입니다. 그리고 마지막으로 기본적인 교육학 과목을 이수하고 교생실습의 과정을 거쳐야 전문상담교사의 자격이 주어집니다.

그 밖에도 교육부나 보건복지부, 여성가족부에서 인정한 국가자격증, 상담심리학회나 상담학회와 같이 공인된 기관에서 발급하는 민간자격증이 있습니다. 이들은 상담과 관련된 과목을 이수해야 하고, 수련과정을 거쳐 어려운 시험까지 합격해야 얻을 수 있는 신뢰할 만한 자격들이에요. 그 밖에도 상담과 관련된 자격증은 수백 개 정도 된다고 합니다. 우리가 외부에서 상담을 받게 된다면 충분한 훈련과 자격 없이도 받을 수 있는 자격증이 있고, 이런 자격증만을 소지하고도 센터를 개소하여 상담활동을 할 수도 있다는 사실까지 고려하여 기관을 선택하는 것이 좋겠지요.

어떤 분야의 자격증을 가지고 있다는 것은 책임을 의미합니다. 자격증을 유지하려면 교육을 매년 받으면서 자신을 계발해야 합니다. 상담윤리에 어긋나는 행동을 하면 자격증을 박탈당할 수도 있습니다. 이처럼 자격증은 그걸 가지고 있다는 것만으로 책임을 수반한다는 것을 의미합니다.

상담자의 윤리 중에는 항상 전문성을 발전시키기 위한 노력이 포함되어 있습니다. 상담과 관련된 연구는 쏟아지고 있고, 새로운 이론과 기법이 개발되고 있습니다. 충분한 자격을 갖추었다는 것은 그만큼 공부를 했다는 의미고, 기초지식이 있는 상담자만이 새로운 지식과 기술을 익힐 수 있습니다. 끊임없이 전문성을 계발시키는 것, 자신의 상담에 책임을 지는 것. 그것이 우리에게 주어진 자격증의 무게이기도 합니다.

그러므로 여러분에게 꼭 말씀드리고 싶은 것은 첫째, 자격을 갖춘 상담자를 만나라는 것입니다. 자격증을 얻기 위해 그 사람이 받았던 교육과 훈련의 깊이는 상담의 효과를 결정하기 때문입니다. 둘째, 상담자를 믿으라는 것입니다. 정상적인 교육과정을 밟고 해당 분야를 짧게는 4년, 길게는 10년 이상 공부한 사람이니까요. 상담을 받다 보면 '왜 내 마음을 이렇게 모르지?', '이거 효과 있는 게 맞아?'라는 생각이 들 수도 있어요. 앞에 앉아 있는 상담자는 오랜 기간의 공부와 훈련을 거친 전문가라는 사실을 떠올려 보세요. 이런 우여곡절이 있더라도 종래에는 변화라는 열매를 가져갈 수 있을 겁니다.

11

상담샘에 대한 흔한 오해

상담전생님에게 많이들 가지는 편견이 있어요

사람들은 몇몇 직업군들에게 특별한 인격을 기대해요

성 직 자   교사   상담자

원만하고, 너그럽고, 도덕적,
희생정신 투철, 인내 ???

사실 이런 인격은 어떤
직업군에서도 필요하죠..

오히려 상담자는 초보시절부터 감정을 누르지 않고 투명하게 드러내는 연습들을 한답니다.

감정은 느끼고 표현해야 다독여질수 있어요. 이렇게 진솔한 상담자의 모습이 내담자에게도 좋은 본보기가 돼요.

마냥 착하기보다는.. 내담자를 위해 진솔하고, 수용적이고, 이타적인 사람이 이상적인 상담자가 아닐까요?

상담선생님은 착한가요?

　이번 절과 앞 절에서 다루는 내용은 여러분이 상담실에서 만나게 될 사람이 어떤 사람인지를 소개하기 위한 목적을 가지고 있습니다. 앞 절에서는 저희가 얼마나 공부하고 훈련받았는지 알려드렸다면, 이번 절에는 저희가 어떤 태도를 가진 사람인지를 알려주려고 해요. 여기서 말하는 것이 모두 정답은 아닙니다. 세상에 완벽한 사람은 없으니까요.

　상담심리학의 교과서에서도 '자질'을 다루고 있습니다. 그것이 전문적 자질과 인간적 자질이죠. 굳이 전문용어를 쓰지 않더라도 우리는 다들 상담을 전문으로 하는 사람은 뭔가 일반인과는 성품이 다를 거라고 생각합니다. 물론 좋은 쪽으로겠죠. 성격이 착할 거라고 기대하구요. 늘상 다른 사람 말을 잘 들어주는 태도를 가질 거라고 믿습니다. 매사에 수용적이고 너그러울 거라고 짐작하죠. 특별한 봉사정신도 가지고 있을 거라구요.

　이런 고정관념의 대상은 상담자뿐이 아닙니다. 몇몇 직업인에게도 사람들은 특별한 인격을 기대합니다. 보통 목사님이나 신부님 같은 성직자에게 말이죠. 학교 선생님한테도 뭔가 모범적인 성격을 원하구요. 사실 저는 원만하고 너그러운 성격, 도덕성 등은 어느 직장에서나 꼭 필요한데 왜 몇몇 직업에만 그런 걸 바랄까 하는 생각을 하곤 해요. 아마도 사람을 교육, 훈련시키거나 인격적인 본을 보이는 직업이기 때문이겠죠.

　상담을 전문으로 하는 선생님들이 아마 더 착하거나 너그러워 보이긴 하겠죠. 그러나 그것이 누군가의 부정적인 행동과 태도를 참는다는 뜻은 아닙니다. 욕을 먹거나 함부로 말하는 걸 들으면 상담선생님도 당연히 화가 납니다. 상담자는 어떤 공격적 태도에도 허허 웃는 그런 사람이 아니에요. 일방적으로 희생과 헌신하기를 추구하는 사람도 아닙니다. 그런 면에서 저희는 '착하다'라는 성격특성과는 거리가 있습니다. 마냥 착하기를 기대하고 함부로 대했다가 데이는 사람들도 있죠.

오히려 이상적인 상담전문가는 진솔한 태도를 가집니다. 그것은 상담심리학이 추구하는 인간상이기도 해요. 부당한 대우를 받았을 때는 이를 참아내는 착한 사람보다는, 그 상황에서 마땅히 느낄 분노나 서운함을 표현하는 사람이 되고자 합니다. 다른 감정 앞에서도 마찬가지입니다. 이별을 경험하면 슬퍼하고, 위협을 당하는 상황에서는 공포를 느낍니다. 항상 감정을 있는 그대로 느끼려고 노력하지요.

감정은 참는다고 사라지지 않는다는 사실을 아시나요? 감정의 힘은 일반적인 통념에 비해 훨씬 강합니다. 뇌에서도 감정을 발생시키는 영역은 이성을 담당하는 영역보다 더 깊고 원초적인 위치에 자리잡고 있습니다. 여러분도 경험으로 알고 있을 겁니다. 평소에 장난을 많이 쳐도 허허 웃으면서 반응하던 친구가 참다못해 화를 낼 때는 다른 다혈질 친구들보다 더 크게 낸다는 사실을요. 주변의 압박이 너무 강해 정말 단단한 가면을 만들어 완전히 감정을 정복한 것처럼 보이는 사람들도 있죠. 그렇게 자기 감정을 잘 느끼지 못할 경우가 되면 성격이 왜곡되거나 몸의 어딘가가 아파오는 방식으로 부작용이 나타나기도 합니다.

감정은 느끼고 표현해야 다독여질 수 있습니다. 참는 것이 습관화된 사람이 그걸 쉽게 할 순 없죠. 그래서 상담을 하는 사람들은 먼저 감정을 누르지 않고 투명하게 드러내는 것을 연습합니다. 이는 내담자에게도 좋은 본보기가 됩니다. 자신의 감정과 일치된 모습을 보이는 상담자를 오래 만나다 보면 그러한 태도가 학습되고 내면화되는 것이죠.

이상적인 상담자는 진솔하면서 동시에 너그럽습니다. 너그럽다는 것은 인간을 있는 그대로 받아들인다는 뜻입니다. 전문용어로 이를 수용적 이해라고 하죠. 훌륭한 상담선생님을 만나면 어떤 얘기든지 할 수 있다는 느낌을 받지요? 우리는 수용적 이해가 몸에 익은 사람을 만나면 나도 모르게 마음에 담아왔던 이야기를 하고 싶어 합니다. 더 이상 평가받지 않는 상황이라고 느낄 때, 말을 실수하거나 어두운 면을 보여도 혼나지 않는다고 생각할 때 우리는 마음을 열게 됩니다.

이러한 노력을 하면 자연스럽게 착한 사람처럼 보이기도 하죠. 다른 사람을 돕는 일을 하고자 하는 사람들이 대체로 착하고, 그런 사람들이 상담선생님을 지망하니 결과적으로 상담실에 착한 사람들이 모여 있는 것도 맞구요. 상담 윤리에도 내담자의 복지를 위해 노력해야 한다는 구절이 있으니 이타성이 필요한 직업이기도 합니다.

그러나 더 중요한 것은 상담선생님의 너그럽고 진솔한 태도엔 목적이 있다는 것입니다. 상담 신청 이전에 내담자의 문제가 해결되지 못하고 반복됐던 것은 마음의 얕은 곳에서만 변화의 시도를 했기 때문이라는 걸 저희는 압니다. 외면해왔던 진짜 감정을 찾아 다독이고 숨겨왔던 자신의 어두운 면을 솔직하게 드러내도록 하는 열쇠가 바로 이런 태도입니다. 그리고 상담자에게 요구되는 대표적 인간적 자질이구요. 상담선생님은 여러분을 위해 더욱 진솔하도록 노력할 거예요.

위클래스 첫 방문기

최근들어 생각도 많아지고 공부에 집중이 안된다

용기내어 위클래스를 찾아왔다

좁을 줄 알았는데 생각보다 넓은 공간이었다

어색해서,, 일단 생각나는 말을 내뱉어 보았다;

나도 모르게 긴장이 풀리고 편안해지는 걸 느꼈다

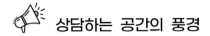

상담하는 공간의 풍경

　서두에 밝힌 바 있지만, 이 책을 쓰는 이유는 상담이 필요한 여러 분들이 헤매지 않고 더 편하게 상담실에 오도록 돕기 위해서입니다. 그래서 이번 절에서는 상담이 이루어지는 공간에 관해 소개하려고 해요.

　이 공간은 wee클래스(위클래스) 혹은 학교상담실이라고 불립니다. 위클래스는 교육부의 지원하에 상담전문가가 상담, 병원 및 센터 연계, 또래상담 사업 등을 할 수 있도록 만들어진 공간입니다. 크고 잘 갖춰진 학교상담실이라고 할 수 있죠. 최근에 학교들이 위클래스를 많이 설치하고 있지만 아직 모든 학교에 있는 것은 아닙니다. 방음이 되는 교실 반 칸 정도의 상담실이 위클래스 대신 있는 학교도 있습니다.

　학교상담실의 위치는 학교마다 천차만별이지만 격리된 곳에 있는 경우가 아무래도 많습니다. 이런 경우 꼭대기 층 구석에 도서관이나 특별실 옆에 있죠. 아니면 아예 별관으로 떨어져 있거나요. 이러면 대다수 학생들이 위클래스가 어디 있는지도 모르고 졸업합니다. 아마 위클래스를 만드는 초기에 상담받는 학생이 편견의 희생자가 되지 않도록 이러한 위치에 설치한 것 같습니다. 비밀스럽게 상담을 받을 수 있도록 배려한 거죠. 상담선생님이 다루는 문제는 진로, 학습, 이성 등 가벼운 것이 무거운 것보다 더 많습니다. 무언가 하자가 있어서 상담을 받는다는 신념은 이제 별 영향력이 없는 고정관념이죠.

　학교 상담실인지를 알아보기 위해선 팻말을 확인하면 됩니다. 보통 문 앞이나 들어오는 길에 팻말이 있어요. 파란 바탕에 'wee클래스'

라는 글씨가 양각으로 붙어 있죠. 이걸 보고 노크를 하시고 들어오면 됩니다. 상담내용은 비밀이기 때문에 상담중인 경우 누가 들어오지 못하도록 '상담중'이라는 팻말을 걸어놓곤 하니 그 시간만 피해서 찾아가면 됩니다. 학교 홈페이지에 위클래스나 상담 선생님 사무실 번호가 있으니 전화를 해서 예약하는 방법도 있어요.

일단 상담실에 들어가면 그 크기와 분위기에 놀라곤 합니다. 생각보다 크거든요. 보통 위클래스의 크기는 교실 한 칸 반 정도입니다. 상담실 공간은 여덟 명에서 열 명 정도가 한꺼번에 집단상담을 할 수 있는 크기를 갖추어야 합니다. 그리고 상담선생님이 일할 수 있는 사무실과 두 사람이 이야기할 수 있는 개인상담실 모두 위클래스 안에 갖추어져 있습니다.

분위기는 보통 화사하고 깔끔합니다. 예쁘고 아기자기하죠. 선반에 인형이 놓아져 있거나 벽에 미술품이 걸려 있어요. 저는 조화로 상담실 내부에 화단을 만들어 놓은 경우도 보았습니다. 이처럼 상담선생님들은 상담공간을 만들 때부터 내담자를 환영한다는 메시지를 주기 위해서 노력합니다. 위클래스라는 공간 안에 있을 때 마음이 따뜻해지고 편안해지게 하기 위해서에요. 마음을 열도록 돕기도 하구요.

상담실 안에는 기본적으로 상담에 필요한 여러 도구들이 갖추어져 있습니다. 일단 심리검사가 있어요. 여러분의 마음상태를 들여다볼 수 있는 도구입니다. 마음을 열도록 도와주는 도구도 있어요. 말로 하기 어려울 때 대신 그림으로 그릴 수 있게 스케치북과 색연필 등이 있어요. 여러 등장인물이 있는 상황을 묘사할 때 필요하도록 장난감 피규어 등을 쓰기도 해요. 최근에는 마음을 스스로 보살필 수 있도록 안내하는 책들이 많이 출판돼 있죠? 상담선생님은 그런 책들을 모아 작은 도서관을 만들어놓기도 합니다. 저를 비롯해서 많은 선생님이 점심이나 방과 후에 학생들이 잠깐 들려 더 놀 수 있게 보드게임을 비치해 놓기도 합니다. 상담실에 방문하는 모든 손님을 위한 대접용 간식을 준비하기도 합니다.

어때요? 학교상담실 방문에 관한 부담이 좀 줄었나요? 다음 절에서는 상담실 방문의 가장 큰 심리적 장애물인 '기록이 남는가?'에 관해 다루어 보겠습니다.

상담 기록은 걱정 말아요.

학생들이 상담실에 오면 자주 묻는 말이 있어요.

기록에 남나요?

저를 나약하거나 이상한 사람으로 보면 어떡하죠?

멘붕...

상담이력이나 기록이 발목을 잡을까봐 걱정하곤 하죠

상담기록에 대해서는 걱정하지 않아도 돼요.

상담일지

상담실 안 캐비넷속에 저장!!

생기부

학교생활기록부

상담여부 적는곳 없음~

정신과 방문시 의료기록

- 의료보험을 위해 병명·수납내역 등 일부가 건강보험공단에 전달
- 외부 조회 불가 (취업 시 불이익~~無~~)

단, 학교상담 비밀보장에 예외가 있다면..

보호자나 관련기관에 고지 아 신고해야 하는 일도 있고

상담지도자에게 사례를 지도받을 때도 있어요.

지도받기 전에 먼저 허락을 구하니 걱정말아요!

📢 낙인이 두려워요

　상담을 요청하는 사람들이 가장 많이 하는 질문이 '기록에 남아요?'였어요. 이 질문 안에는 사람들이 일반적으로 상담을 받는 것을 부끄러운 일로 여긴다는 생각이 숨어 있어요. 그래서 저는 이 질문을 들을 때마다 마음이 아파요. 치료와 요양이 필요한 사람이 남의 눈치를 보아야 한다는 사실이 말이죠. 아마 여러분이 걱정하는 낙인은 아래의 두 종류일 거예요.

　첫 번째는 나약하다는 낙인이에요. 몸이 아플 때를 예로 들어 볼게요. 누군가 팔이 부러지거나, 머리가 아프다면 우리는 그 사람을 도와주려고 합니다. 일시적으로 약해진 상태이기 때문에 돌보아주려고 하기도 하죠. 하지만 정신적으로 아픈 사람에게는 그렇게 하지 않아요. 몇십 년 전까지만 해도 '마음은 마음먹기 나름'이라는 신념이 모든 세상을 지배했으니까요. 이 생각에 따르면 기분도, 생각도, 행동도 철저한 자유의지에 따라 선택하는 거죠. 예를 들어 어떤 사람이 계속 우울하고 주체할 수 없는 기분이라면 그 사람이 부정적인 생각을 골라서 하기 때문인 거예요. 그러면 상담받는 게 처방이 될 수 없겠죠. 그것도 못 참냐고 비난하거나 채찍질을 해서 '정신을 차리게' 하는 게 더 나은 방법인 거죠. 마음을 강하게 먹도록 말이죠. 그러다 보면 상담센터나 정신의학과를 찾는 사람은 나약한 사람으로 여겨지게 돼요.

　두 번째는 정신이 '이상'한 사람이라는 낙인이지요. 자유 의지를 맹신하는 사람이 이런 낙인을 다른 사람에게 씌우기 쉬워요. 자기 마음을 얼마든지 통제할 수 있다고 믿으니, 심리적 문제를 전문가와 의논하는 것 자체가 엄청난 비정상이라고 보는 거죠. 다른 사람에게 '미쳤다'라는 딱지를 쉽게 붙이는 이유는 현실판단력이 무너진 사람만 상담이나 정신과 치료를 받는다고 생각하기 때문이죠. 정신의학에서는 우울장애, 불안장애, 성격장애 등 현실과 가상을 구분하는 능력에 문제가 없어도 치료를 받는 경우가 많은데 말이죠. 사실 증상이야 어찌 되었든 아픈 사람에게 낙인을 찍는 건 정말 잘못된 행위에요. 오히려 치료를 받지 않아서 증상이 더 심해졌을 때 현실 적응이 더 어려워지니까요. 학교상담실에 가는 경우는 병원에 가는 경우보다도 더 고민이나 증상의 깊이가 약한 거예요. 이상한 게 절대 아니죠.

위의 두 가지 이유로 낙인에 대한 걱정을 할 수 있어요. 하지만 걱정 마세요. 상담기록은 공개되지 않는답니다. 어딘가 상담내용이 저장돼서 여러분의 발목을 잡는 일은 일어나지 않아요. 아니, 애초에 학교상담실에서 한 상담은 상담선생님의 서랍을 떠나지 않아요. 학생생활기록부에는 상담 받았는지 안 받았는지 등의 내용을 쓰는 공간 자체가 없어요. 어떤 경우에도 이 사실이 여러분에게 낙인으로 남지 않아요.

특수한 경우가 있긴 해요. 여러분이 자살의 위험이 있는 경우, 다른 사람을 해칠 위험이 있는 경우, 아동학대가 일어나는 경우에는 비밀보장을 깰 수 있습니다. 왜냐하면 생명과 안전을 지키는 것이 비밀을 지키는 것보다 더 중요하니까요. 그렇다고 해도 그 위험과 관련된 내용만 전달되고 부모님, 담임선생님 등 최소한의 사람에게만 알려져요. 아주 드문 경우 여러분과 상담한 내용을 바탕으로 더 많이 공부한 상담지도자에게 지도를 받을 수도 있어요. 이런 경우에는 아마 '이 내용으로 상담 지도자에게 지도받아도 될까?'라고 먼저 상담선생님이 동의를 받을 거예요. 여러분의 이름과 신상은 익명처리가 될 테니까 다른 사람이 알아볼 걱정은 하지 않으셔도 돼요.

정신과 치료의 경우에는 의료기록이 남을 수 있어요. 담당 의사의 전산 시스템 안에만요. 병원에서 치료를 받으면 의료보험이 되기 때문에 일부 건강보험공단으로 정보가 가긴 하지만 병명, 약용량, 수납내역만 전달이 되죠. 상담한 내용이나 세부적인 사항은 건강보험공단에서도 알 수 없어요. 그러니 취업할 때 불이익도 당연히 있을 수가 없죠. 여러분이 취업하고자 하는 기업이나 공공기관에서도 함부로 여러분의 의료기록을 볼 수 없어요. 대통령도 국회의원도 그럴 권한은 없으니까 걱정하지 마세요.

몸이 아프면 아무런 걱정 없이 병원에 가는데, 왜 우리는 여전히 상담을 받거나 정신과에 갈 때만 이렇게 주저해야 할까 답답해요. 상담에 관한 편견이나 잘못된 인식들이 과거에 비해 줄어들고 있고, 많은 사람들이 힘들 때 상담실을 찾고 있으니 너무 걱정하지 않았으면 좋겠어요. 게다가 성격이나 감정의 문제처럼 정신적 영역으로 여겨지는 주제뿐 아니라 연애문제, 진로문제, 친구문제, 가족문제 등 상담이 다루는 내용은 정말 다양해요. 상담실에 가는 여러분에게 어디 가냐고 누가 묻지도 않겠지만, 심각한 문제를 이야기하는지 정신적 문제와 상관없는 가벼운 분야의 이야기를 하는지 남들은 몰라요. 그러니까 다른 사람 눈치 보지 말고 언제든지 학교상담실을 찾아주세요.

14

가짜심리학 주의보

심리학에 대한 관심이 커져서 나타난 현상일까요?

여러분들도 아마 흔하게 들어본 이야기일 거에요.

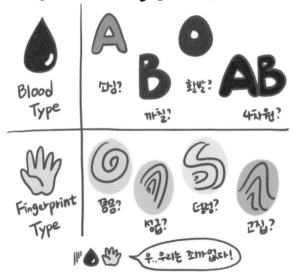

성격에 대한 보편적인 묘사가 자신과 정확하게
일치한다고 믿는 현상을 '바넘효과'라고 해요.

심리테스트들은 이런 바넘효과로 인해 재미있지만..

검증되지 않은 심리학들로 여러분을 단정짓지 않길 바래요!

신비주의로 가면 의심해 보아요

1879년 심리학이 생긴 이래 미지의 세계였던 인간 마음은 엄청나게 많이 개척됐어요. 마치 천문학이 근대 이후에 들어서야 달이나 화성에 뭐가 있는지 자세히 밝혀낸 것과 마찬가지죠. 저는 전국 단위의 한국 심리학회에 가본 적이 있는데 정말 깜짝 놀랐어요. 이 행사가 열리면 대학교의 커다란 단과 건물 하나를 수백 명의 사람들이 채우거든요. 여러분이 다니는 학교의 본관 크기 말이에요. 학회에 계신 분 한분 한분이 주기적으로 심리학 논문을 내는 연구자였어요. 3일 내내 그 건물의 모든 교실에서 동시에 논문 발표를 했어요. 전국 단위의 학회 말고도 15개 분과 각각이 심리학회를 또 연다는 점까지 생각하면 심리학계라는 세계의 규모는 어마어마하죠. 그래서 제가 대학교 다닐 때 저를 가르친 교수님 중 한 분은 '이미 여러분이 생각하고 있는 주제는 다 연구가 되어 있다'라고 하기도 했어요. 한국도 이 정도로 심리학 연구가 활발한데 미국, 독일, 일본 등 심리학의 역사가 훨씬 긴 나라들은 어떻겠어요? 전 세계적으로 한 해 동안 평생 읽어도 다 못 읽는 지식들이 쏟아지고 있는 거예요.

그런데 여러분, 이렇게 논문의 형태로 제공되는 지식은 습득하기가 진짜 어려워요. 외국에서 개발된 가치 있는 정보들은 영어로 적혀 있구요. 한국어 논문도 우리나라 말이 아닌 것 같아요. 전문용어로 써져 있거든요. 논문의 중간에 연구방법과 결과가 적히는데, 통계를 모르면 읽을 수 없게 되어 있어요. 대학원생들은 이런 걸 매주 2~3편 이상 읽어야 해요. 그러니 대학원을 졸업한 사람들은 정말 대단한 인재들인 거죠. 지식이 만들어지고 유통되는 과정에 참여하는 학자들은 이렇게 누구도 대신할 수 있는 전문성을 가지고 있어요. 신중하고 조심하며 지식을 계승 발전시키죠.

하지만 그 분야를 공부하지 않은 사람들은 논문이나 대학 교재로 지식을 접하지 않아요. 심지어는 책도 잘 안 읽죠. 그러니까 누군가가 '심리학 연구에서 밝혀졌어'라고 하면 아무래도 믿게 돼요. 다른 사람이 무슨 말을 할 때마다 그걸 검증하기 위해 논문을 찾아 읽을 수는 없으니까요. 심리학회 내에서는 지식을 생산하는 사람들은 지나치다 싶을 정도로 엄격하지만, 그 지식을 나누는 보통 사람들은 너그럽거든요. 오류투성이의 가짜지식이 돌아다녀도 막기가 어려워요.

상담도 마찬가지에요. 상담을 할 때 자격이 없는 사람이 검증되지 않은 가짜지식을 이용해도 내담자 입장에서는 알 방법이 없어요. 예를 들면 '혈액형 심리학' 같은 게 가짜지식이죠. A형은 소심하고, AB형은 독특하다는 식의 성격 이론을 아마 들어본 적이 있을 거예요. 하지만 혈액형과 성격과 관련이 있다는 심리학 연구 결과는 없어요. 요즘은 지문의 모양으로 성격을 알 수 있다고 해요. 모든 사람이 지문이 다 다르다는 게 근거더라구요. 참 황당하죠? 여러분의 지문이나 혈액형으로 성격을 측정하고 상담을 하면 어떻게 될까요? 내담자가 누군지 거꾸로 알고 처방을 제공하는 거예요. 엉뚱한 해결책을 찾아 헤매거나 자기 자신에 관해 심각한 오해를 초래할 수도 있어요. 이런 황당한 상황을 피하기 위해서 앞으로 다음의 두 가지 경우는 피하기를 권해요.

첫째, 초자연적인 이론으로 상담하는 경우예요. 심리학을 근간으로 공부한 상담전문가는 여러분에게 기도를 하거나 제사를 지내라고 권유

하지 않아요. 상담선생님도 종교를 가질 수는 있겠지만 그건 상담과는 별개에요. 인간의 문제가 귀신, 마귀, 조상신등의 개입으로 일어난다는 신념을 개인이 가지는 것은 자유죠. 그런데 그건 심리학도 아니고 상담도 아니에요. 상담은 조사와 실험을 통해 효과가 증명된 이론과 기법으로만 이루어지는 거예요.

둘째, 만병통치약을 말하는 경우에요. 특정한 상담기법만 몰두하는 상담가가 있을 수 있어요. 예를 들어 공감만 하면 모든 문제가 해결된다고 믿는 거죠. 상담에는 무수한 이론과 기법이 있고, 그걸 적용하는 상황과 내담자 특성은 전부 달라요. 그러니까 인간 마음에 만병통치약이 있다고 믿는 건 마치 의사가 두통뿐 아니라 위염에도, 감기에도, 통풍에도 진통제만 쓰는 거랑 똑같죠. 아무리 좋은 이론과 기법도 사람과 상황을 고려하지 않고 무분별하게 사용한다면 상담 효과가 없을 거예요.

요약하면, 상담이 신비주의로 가면 의심해 보아요. 사실 상담뿐 아니라 인생의 모든 요소가 다 그렇죠. 그것이 사물이든, 사상이든, 이론이든 누군가 그게 비현실적으로 특별하거나 훌륭하다고 주장하면 일단 의심부터 해 보는 게 좋죠. 세상에는 공짜가 없잖아요. 여러분이 받을 서비스에 선택하기에 앞서 냉정하고 비판적인 자세를 가지시길 바래요. 일단 상담을 시작하면 상담자를 믿어야겠지만요.

이번 장에서는 여러분에게 상담선생님이 누군지, 상담실이 어떤 장소인지 설명을 했습니다. 상담한 내용이 기록될까봐 주저하는 분들을 위해 그런 염려할 필요가 없다는 이야기도 했구요. 좋은 상담을 받기 위해 고려해야 할 사항도 말씀을 드렸습니다. 읽고 나니 상담이 좀 친숙해지셨나요? 다음 장을 읽으면 상담이라는 서비스에 관해서 더 가깝게 느끼게 될 겁니다. 상담절차에 관해 구체적으로 설명할 거니까요.

III

상담 절차를 알려주세요

15

첫 상담 첫 만남

학생들이 첫 상담에서 자주 하는 질문들이에요

저 상담해요?

몇 번이나
와야돼요?

제가 이런건
왜 이러는이죠?

고칠수
있어요?

어떤 이야기부터
시작해야할지 ㅠㅠ..

사실.. 첫만남은 상담쌤들도 긴장하곤 해요 ;

어떻게 오게됐을까?

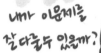

내가 이문제를
잘 다룰수 있을까?

어떤 방법이
효과적일까?

어떻게
진행할까?

마주앉아서 자신과 상대에 대한 깊고 진지한
이야기를 나누는 게 누구에게도 쉬운일은 아니죠.

하지만 몽키내어 온 여러분을 맞이하고 이끌어줄 거에요

이건 먼저
작성해줘.
그러고 내서...

너를 힘들게 하는 문제나
해결하고 싶은 고민들을
같이 이야기 해보자

오호..

상담신청서

상담신청서에는 여러 정보를 체크하게 되어있어요.

상 담 신 청 서

| 소속 | 2-1 | 연락처 | 010-x xxx |
| 이름 | 유별 | 가족관계 | 부모님.언니 |

현재고민 · 상담 받고 싶은 문제

정서 - 우울/ 불안 / 공포 / 분노 ...
관계 - 가족/ 친구/ 이성 ...
진로 - 학업/ 진로변경/ 미결정 ...
성격 - 예민/ 완벽주의/ 충동적 ...
기타 - 건강/ 중독 ...

정보제공 동의(∨)   서명 : 유별

현재 고민과 상황을 파악하는 데 도움이 되고,
상담 내용의 깊이와 수준을 정할때 참고할수 있어요.

상담샘은 알아야 여러분을 도와요

지난 장에서는 상담이 어디서 이루어지고 그 공간은 어떻게 생겼는지, 상담하는 사람은 어떤 사람인지, 좋은 상담을 받으려면 무엇을 고려해야 하는지도 이야기했지요. 상담받기 전에 두려워하는 이유는 상담이 무엇인지 잘 몰라 모든 것이 막연하기 때문이지요. 그래서 여러분을 안심시키고자 두 장에 걸쳐 상담에 관한 외적인 요소들을 설명했어요.

이번 장에서는 상담의 절차를 설명할거예요. 어떻게 시작해서, 무엇을 하고, 어떻게 끝나는지 그 과정을요. 이 장이 끝나면 '아 이렇게 하기 때문에 상담이 삶에 도움이 된다는 거구나'라는 걸 느낄 거예요. 학교 일과 중에 어렵게 어려분이 낸 시간을 유익하게 쓰도록 하기 위해서 상담선생님은 많이 고민한답니다.

상담실에 들어가면 가장 먼저 하는 일은 상담을 신청하는 겁니다. 당연하겠죠? 뻔해 보이는 이 절차를 지면을 할애해서 설명하는 이유는 상담심리학에서 이를 '접수면접'이라는 매우 중요한 과정으로 여기기 때문입니다. 바로 상담선생님이 여러분을 이해하는 단서를 주는 첫 번째 과정인 것이죠.

상담신청을 어떻게 할까요? 상담신청서를 적으면 됩니다. 상담신청서는 여러분의 이름과 나이는 물론, 가족관계나 친구관계, 의논하고 싶은 문제를 묻는 서류입니다. 상담선생님은 이 신청서를 읽고 많은 걸 알아낼 수 있습니다. 예를 들어 여러분이 별 고민 없이 적는 '연령'이라는 란에서도 많은 정보를 읽어내요. 인간은 나이를 먹어감에 따라 몸에서는 뇌가 성장하고 근육이 크고 호르몬의 양이 달라지며 이건 누구에게나 비슷하거든요. 학교에서 배우는 내용도 더 수준이 높아지죠. 현실에서 부딪치는 문제도 복잡해지구요. 그래서 연령을 보고 상담 내용의 깊이나 수준을 정할 수 있지요. 내담자의 부모가 무슨 일을 하고 나이는 어느 정도 되는지, 형이나 동생이 있는지, 친한 친구가 얼마나 있고 누구인지 등등 이런 외적인 요소들도 심리학에서 인간을 설명하고 예측하는 데 쓰이는 귀한 자료입니다.

상담신청서 안에는 이야기하고 싶은 분야를 고르는 칸이 있습니다. 내담자는 관심분야를 체크하기만 하면 되죠. 현재 겪고 있는 문제가 너무 복잡해 상담선생님에게 어떻게 설명해야 할지 곤란한 학생 입장에서 설문지에 응답하듯 주어진 지면에서 이야기하고 싶은 주제를 고르기만 하면 된다면 더 마음이 편해지겠죠. 그 고민을 말로 표현하기도 더 쉬워지고, 그동안 가지고는 있었지만 떠올리지는 못했던 어려움들도 신청서의 주제어들을 보면 생각날 수도 있으니 유용해요.

그 후엔 상담신청서를 바탕으로 접수면접을 합니다. 가장 첫 번째 과제는 상담이라는 인생의 첫 이벤트 앞에서 긴장하고 있을 내담자를 안심시키는 것이겠죠. 여러분에게 그런 상황이 생소하고 어색한 것처럼 상담선생님도 그렇답니다. 누구나 그 자리에 둘만 앉아서 자기 자신과 깊이 관련된 진지한 이야기를 하면 낯선 건 당연한 거니까요.

그리고 접수면접을 할 때 두 번째 과제는 어떤 상담을 할지 결정하는 것입니다. 학교 위클래스로 오는 학생들 중 절반 정도는 찾아온 그 시간에만 이야기하기를 원해서 찾아옵니다. 이때 '단회 상담'이라고 하는 한 회의 상담을 합니다. 한 시간 안에 목표를 정하고, 감정을 해소하고, 실천 방안을 찾는 상담입니다. 보통 학생들이 생각하는 상담이 되겠죠. 내담자가 위험한 경우에 처해서 상담실로 오기도 합니다. 자살을 생각하고 있거나, 폭력이나 위협에 노출된 경우이죠. 이를 '위기 상담'이라고 합니다. 바로 부모, 담임선생님, 병원, 경찰 등에 연락을 해야하는 경우에요. 이 경우에는 상담선생님이 응급조치를 해야 하는 상황입니다. 앞의 두 가지 경우가 아니라면 여러 회기를 거치는 일반적인 상담이 되겠죠.

어떤 상담을 할지 결정했다면 선생님은 여러분을 알기 위해 여러 질문을 할 겁니다. 상담 신청서에 적힌 내용보다 더 많은 걸 물어보게 될 거에요. 호소하는 문제가 무엇이고 얼마나 심각한지, 성격의 특성은 어떠한지, 신체적·정신적 질병이 있지는 않은지 등을요. 가족들과 친구들에 관해서도 더 자세히 알아볼 거예요. 이런 정보들을 모아서 퍼즐을 맞추면 호소하는 문제의 원인을 찾을 수 있게 됩니다. 더 좋은 대처방법도 세울 수 있구요.

상담선생님은 알아야 여러분을 도울 수 있어요. 말로 호소하는 문제는 비슷해도 원인은 다를 수 있거든요. 예를 들어 '어떤 직업목표를 세워야 할지 모르겠어요'라는 고민은 가벼워 보이지요. 그런데 어떤 사람은 하고 싶은 일이 너무 많아서 걱정이고, 어떤 사람은 하나도 없어서 걱정입니다. 흥미와 적성만 알게 되면 이 문제가 해결될 사람도 있지만, 매사가 불안하고 자신감이 없는 사람에게는 진로를 설계하는 도움보다 자신감을 돌려주는 상담이 더 필요하죠. 당연히 더 잘 알수록, 더 효과적으로 도와줄 수 있겠죠.

접수면접 과정에서 내담자를 알아가기 위해 면담을 하죠. 그리고 심리검사라는 도구를 쓸 수도 있습니다. 말로는 화자의 상황을 정밀하게 이해하는 데 한계가 있거든요. 자기 상황을 객관적으로 이해하지 못할 수도 있고, 숨길 수도 있죠. 심리검사를 이용하면 내담자의 상태를 숫자로 읽을 수 있고 감추고 있는 마음의 이면도 파악할 수 있습니다. 면담에 심리검사를 더한다면 인간에 대한 최선의 이해에 도달할 수 있습니다. 지금부터 심리검사를 설명할게요.

16

아는 만큼 보여요.

상담실에서 심리검사는 왜 하는 거예요?

인터넷 심리테스트랑 무슨 차이가 있나요?

상담실에서 하는 검사결과는 '유형'보단 '숫자'로 나와요

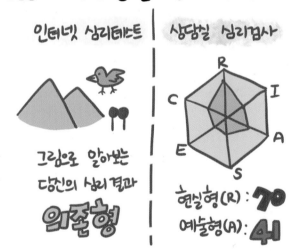

성격이란 건 너무 복잡해서 특정유형에 구겨넣긴 어렵답니다.

상담실에서 정해진 심리검사를 고집하는 이유는..

많은 사람들에게 축적된 자료를 바탕으로 만들어진,
믿을 수 있는 검사이기 때문이에요.

심리검사는 그 사람에 관한 아주 많은 것들을 알려줘요.

자기이해를 촉진하여 상담과정에도 큰 도움이 됩니다.

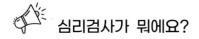

심리검사가 뭐에요?

심리검사라는 단어는 여러분에게 생소하지요. 심리테스트는 아마 많이 아실 거구요. '나의 OOO유형은?'이라고 쓰여 있고 질문을 수십 개 정도 응답하면 여러분의 유형을 골라주죠? 그게 만화 캐릭터가 되기도 하고, 동물이 되기도 하고요. 그리고 그 아래 성격에 관한 설명이 쓰여 있어요. 저도 이런 검사를 재미있게 생각합니다. 성격 해석도 그럴듯하구요. 사람들이 인간 자체에 관심을 많이 가지게 되고 더 많은 지식을 가지게 되면서 심리테스트들도 진보하는 것 같아요.

심리검사도 인터넷 심리테스트랑 유사한 점이 많아요. 응답해야 할 질문이 많다는 거(질문 내용도 비슷해요), 다 응답하면 성격을 분석해서 요약된 자료를 제공한다는 것도 똑같죠. 다만 상담실이나 병원에서 쓰는 심리검사 결과는 심리테스트처럼 유형으로만 해석하지는 않아요. 인간의 성격은 너무 다양하고 복잡해서 한 인간을 특정 유형에 구겨 넣을 수는 없거든요. 대신 그 검사에서 알고자 하는 몇몇 특성을 숫자로 바꿔서 보여줘요. 예를 들어 진로상담에서 가장 많이 쓰이는 진로흥미검사는 현실형, 탐구형, 예술형, 사회형, 진취형, 관습형의 여섯 가지 특성을 알아봐요. 각각의 특성을 점수화해서 보여줍니다. 이렇게 하면 인간을 유형으로 단순화했을 때 생기는 오해를 피할 수 있어요.

그렇다면 대중적으로 돌아다니는 심리테스트가 이렇게 많고 심지어 무료인데, 왜 학교상담실이나 병원에서는 정해진 심리검사만 고집할까요? 그건 첫째, 믿을 수 있는 심리검사가 되기 위해서는 아주 많은 사람들에게 검사 자료를 축적해야 하기 때문입니다. 둘째, 인간 심리와 관련된 다른 자료들과 비교연구 많이 된 검사가 더 효과적이기 때문입니다.

진로흥미검사를 예를 들어 볼까요? 이 검사 결과를 보면 표의 가장 왼쪽에 '현실형' 점수가 뜹니다. 현실형이란 사람보다 사물 다루기를 더 편하게 느끼고 잘하는 유형입니다. 기계나 도구 같은 것들 말이죠. 이 점수가 의미가 있으려면 여러분의 현실형 점수가 또래 인구집단이랑 비교해 봤을 때 어느 정도로 높은지를 알아야 합니다. 응답자가 현실형과 관련된 모든 문항에 '예'라고 응답했다고 하더라도, 다른 모든 사람이 똑같이 응답했다면 그 사람에게 현실형 흥미가 있다고 말해 주기가 어렵겠죠. 만일 한 개의 문항에만 '예'라고 응답했어도, 다른 모든 응답자가 모두 '아니오'라고 응답했다면 이 사람은 전국에서 가장 높은 현실형 흥미가 있다고 할 수 있겠죠. 결국 어떤 검사가 그 사람을 잘 설명하기 위해서는 아주 많은 다른 사람에게 축적된 자료를 바탕으로 나중에 검사를 하는 사람의 상대적 위치를 정확히 파악해야 하는 것입니다.

그렇게 이 검사를 통해서 현실형 흥미가 아주 강한 것으로 밝혀진 사람이 있다면, 그 사람은 당연히 공대에 진학하거나 기계를 다루는 직업을 선택할 확률이 높아야 할 거예요. 그런데 지켜본 결과 현실형 점수가 높은 사람들이 상담이나 사회복지 등 사람을 대하는 일을 선택한다면 이 검사는 어딘가 잘못이 있는 거겠죠. 오래되고 공신력 있는 심리검사는 이처럼 사람들의 실제 행동 혹은 다른 검사와의 비교연구가 수도 없이 많이 이루어집니다. 버전이 바뀌며 현실과 잘 맞지 않는 문항들은 수정되기도 하죠. 이런 과정을 많이 거칠수록 믿을 수 있는 심리검사가 되는 겁니다.

저는 잘 만들어진 심리검사의 힘에 놀랄 때가 있어요. 응답하고 분석하는 데 한 시간도 걸리지 않는데 그 사람에 관해 아주 많은 것을 알려 주거든요. 검사를 한 사람도, 받았던 사람도 몰랐던 사실들을요. 진정한 상담이 자기 자신을 이해하는 데서 시작한다는 점을 고려하면 심리검사가 얼마나 유익한 것인지 생각하게 됩니다.

심리검사 이야기가 나왔으니 말인데, 이 책을 읽는 여러분에게 하고 싶은 말이 하나 더 있습니다. 거리를 걷다 보면 심리검사를 해주겠다며 무슨 도형을 그려보라고 하는 사람들을 본 적이 있나요? 이런 사람들은 십중팔구 사기꾼이에요. 단순한 형태의 그림 몇 개로는 그 사람에 관해 그 어떤 것도 알 수 없습니다. 전문가는 그림검사를 실시할 때 그 그림 뿐 아니라 그 사람의 면담 내용, 행동 방식, 다른 심리검사와 종합해서 해석해요. 사람들이 지나다니는 거리에 서서 금방 할 수 있다면 그건 정상적인 심리검사가 아니겠지요.

심리검사 중에는 질문이 수백 개가 되는 것도 많아요. 상담실에 갔는데 이런 검사를 하라고 한다면 지루하고 답답하기도 하겠죠. 그래도 그 검사에 걸리는 시간이 자기 자신을 이해하는 데 필요한 만큼이라고 생각해 보세요. 그렇게 긴 시간은 아니죠?

17

한 사람을 이해하려면

내담자 한 사람을 온전히 이해하려면 많은것을
알아야 해요. 그 중 대표적인 3가지는..

① 타고난 것

개인이 타고난 신체적·유전적·생물학적 특성들은
마음의 문제에 영향을 주게도 합니다

②환경

자라온 환경의 영향도 타고난 것의 영향만큼 커요

③살아온 역사

과거에 겪었던 중요한 사건들 또한, 지금의 여러분을 더 이해할 수 있게 하는 요인이랍니다

인간을 완전히 이해하는 과정

심리검사, 접수면접과 초기 상담 과정을 통해 상담자는 내담자를 이해하기 위한 과정에 돌입하게 됩니다. 그리고 이를 위해 내담자에게 아주 많은 질문을 하게 되죠. 상담실 와서 해결하고 싶다는 말로 했던 고민 안에 더 실질적인 어려움이 있을 수도 있습니다. 그런 상태가 노력으로 극복이 안 되었다면 성격과 관련이 있을 수도 있죠. 살아온 역사, 앓고 있는 질병, 부모님의 성격특성 그리고 더 크게는 문화와 사회까지 모든 요소들은 그 인간의 성격과 행동패턴을 결정해요. 상담자는 탐정처럼 여러분이 해결하고자 하는 고민의 근원도 이런 정보들을 단서삼아 찾아나가요.

상담자가 알아야 할 게 뭘까요? 대표적인 것 몇 가지만 들어볼까요?

첫째, 유전적 영향, 질병, 신체적 조건 등 여러분의 생리적 조건입니다. 예를 들어 우울증은 40%의 유전율을 가지고 있습니다. 자꾸 다운되는 기분을 추스르고 싶다는 고객이 상담실에 왔다면 상담자는 내담자의 우울증이 부모님으로부터 내려받은 것인지, 아니면 가정이나 학교에서 부정적 사건을 겪어 형성된 것인지 알아볼 겁니다. 부모님의 건강에 관한 질문을 통해 알아낼 수 있겠죠. 또는 키가 작고 왜소하면 주변인들에게 열등감을 느낄 수 있고 학교에서 괴롭힘을 당할 수도 있습니다. 행동을 제약하는 큰 병이 있다면 삶에서 긍정적 기분을 느낄 일이 줄어들어요. 꼭 우울 문제가 아니더라도 생리적 특성은 현재의 심리적 문제에 영향을 끼칠 수 있기에 상담자는 이렇게 신체적 약점이 있는지를 알아봅니다.

둘째, 가정환경입니다. 아주 어린 시절부터 부모님과 함께 지냅니다. 어린이집에 가기 전까지는 양육의 거의 모든 것을, 유치원에 가기 전까지는 교육의 거의 모든 것을 부모님이 담당해요. 무엇을 하고, 무엇을 하면 안 되는지 말로 가르쳐주기도 해요. 이런 걸 가정교육이라고 하죠.

가정교육은 단순히 말로만 이루어지는 것은 아닙니다. 예를 들어 아버지에게 '화가 나도 남들에게 소리를 지르면 안돼'라고 교육을 받았다고 해봅시다. 그런데 그렇게 말하던 아버지가 밤마다 술을 마시고 들어와 가족들에게 소리치며 가족을 깨우면 어떻게 될까요. 인간에게는 말로 배운 것보다 실제로 본 것이 더 영향을 많이 끼칩니다. 이런 환경 속에서 아이는 화가 나면 남들에게 소리질러도 된다는 것만 배우는 게 아니라, 자신이 한 말을 지키지 않아도 된다는 것도 같이 익히게 됩니다.

부모님이 하는 행동 자체도 성격에 영향을 미쳐요. 사소한 일로 심하게 때리는 부모님 아래서 자란 자녀는 폭력적이기 쉽습니다. 매사에 완벽하기를 원하는 부모님도 있는데, 그 기대치를 충족시키지 못하는 자녀는 스스로를 나쁘게 평가하게 될 수 있어요. 반면 어떤 일에도 의연한 태도를 보이는 부모님 아래에서 자랐다면 외부환경이 고통스러워도 자기 감정을 잘 다스릴 수 있을 겁니다.

셋째, 살아온 역사예요. 많은 사람들이 상담을 '마음의 상처를 치료하는 활동'으로 이해하곤 하죠. 여기서 상처란 과거 어떤 시점, 주로 아동기에 겪었던 고통스러운 사건입니다. 나중에 어른이 되어도 그 상처받은 사건을 떠올리는 자극을 겪으면 실제 일어난 일에 비해 더 심하게 반응하게 됩니다. 인간은 자라를 보고 놀란 적이 있다면 솥뚜껑을 보고도 놀랄 수 있는 동물이니까요. 어린시절 배운 잘못된 신념이 마치 진리인 것처럼 어떤 사람을 옭죄기도 합니다. '나는 사랑받을 자격이 없는 사람이야', '모든 사람들이 나를 싫어해', '세상은 험한 곳이니 시비거는 사람이 있으면 무조건 싸워야 해', '내 인생에는 미래가 없어' 등등. 한 인간의 살아온 역사를 되짚어 가다 보면 다양한 모양의 상처를 발견하게 됩니다.

상담실에 방문한 모든 이의 고민은 이처럼 '상담을 요청한 사람이 어떤 사람인가'에서 시작됩니다. 예를 들어 '친구를 어떻게 사귀어야 할까요?'라는 비교적 사소해 보이는 고민도 그 안에 '너는 사랑받지 못할 사람이야'라는 메시지를 준 가정환경이 있을 수도, 신체적 왜소함으로 인한 열등감이 개입되었을 수도, 말더듬 혹은 의사소통 장애 등 질병이 있었을 수도 있는 거예요. 당연히 문제의 근원이 하나가 아닐 수도 있는 거구요. 해결 방법도 원인에 따라 달라집니다. 문제의 원인도, 해결 방법도 그 사람이 가진 것에 있습니다. 그러므로 상담을 위한 모든 전략은 내담자의 이해에서 시작됩니다.

18

상담 목표 세우기

상담목표는 누가, 어떻게 정하나요?

상담목표를 세울 땐 구체적으로, 그리고 달성가능한
목표를 세워야 해요.

때때로.. 상담해야할 진짜 문제가 여러분이 생각한 그 문제가 아닐수도 있어요 ^^;

그러니까 상담목표는 우리가 함께 정해보자구요!

목표를 잡고, 계획을 세워요

지난 절에서 인간을 완전히 이해하는 과정이 상담을 위한 전략 세우기에 가장 중요하다고 했지요. 불론 상담 초기에 심리검사와 한 시간 정도의 면담으로 한 인간을 이해하지는 못합니다. 내담자의 이해는 상담 전체에 걸쳐 일어납니다. 이렇게 열심히 서로를 이해해가는 과정 중에 잊지 말고 꼭 해야 할 일이 목표를 세우는 것입니다.

상담을 신청할 때는 상담선생님에게 가진 기대가 있을 것입니다. '나의 문제'를 해결해서 더 이상 그걸 가지고 고민하지 않길 바라는 것이죠. 그렇다면 바래왔던 상태를 목표삼아 상담을 하면 되겠지요. 상담 선생님은 인생 문제에 관한 해답을 아무래도 학생인 여러분보다는 많이 알 테니까요. 근데 문제를 찾아서 해결한다는 게 단순한 게 아니에요.

예를 들어 누군가 '저 성격이 너무 소극적이어서 친구 사귀기가 힘들어요'라는 고민을 들고 상담실에 방문했다고 해봅시다. 그렇다면 우리가 잠깐 생각하고 내릴 수 있는 목표는 '성격을 적극적으로 바꾸기'가 될 거예요. 하지만 성격은 그렇게 쉽게 바뀌지가 않아요. 처음 보는 사람한테 말을 거는데 한 톨도 거리낌이 없는 사람이 볼 때는 마음만 먹으면 바꿀 수 있는 게 성격처럼 보이겠죠. 그런데 내성적인 사람의 입장에서는 성격 개조가 '아닌 척 하면서 애써 용기내는 고통스러운 상황의 반복'일 수 있어요. 이미 눈치 채셨겠지만 상담 선생님도 성격 개조의 비밀 기술 같은 건 가지고 있지 않아요.

그럼 상담 목표를 어떻게 세워야 할까요? 현실적인 것, 할 수 있는 것이 목표가 되어야 해요. 친구를 지금보다 더 사귀기 위해서는 성격을 바꾸는 것 말고도 할 수 있는 일이 많겠죠. 예를 들어 같은 교실을 쓰는 친구를 복도에서 만나면 웃는 얼굴로 인사하기 연습하면 어떨까요? 마냥 적극적으로 사람들을 대하는 것보단 더 쉬울 거예요. 또는 축구나 농구 같은 운동, 또는 밴드부 같은 소규모 활동에 참여하는 게 방법이 될 수도 있겠죠. 사람이 아주 많은 곳 보다는 네다섯 명 정도 있는 공간을 더 편안해 할 테니까요.

모든 걸 다 할 수 있으면 좋겠지만 보통 상담을 하기 위해 허락된 시간은 한 주에 한 번, 10회기 정도에요. 그 안에 매주 만나서 목표를 점검하고, 실천 방안을 모색하는 걸 반복하면서 목표달성을 위해 힘쓰는 거지요. 그래서 상담을 할 때는 이룰 수 있는 목표를 세워야 합니다.

그리고, 상담 목표라는 건 상담선생님이 세워주는 것이 아니고, 내 담자와 함께 만드는 것입니다. 상담목표가 실현 가능한지 누구보다 잘 아는 사람이 바로 상담을 받는 자기 자신이기 때문이죠. 그리고 스스로 세운 목표가 더 지키고 싶지 않겠어요?

목표를 가지고 상담선생님과 의논을 해야 할 이유는 또 있습니다. 상담해야 할 진짜 문제가 여러분이 가지고 온 문제가 아닐 수도 있기 때문이에요. 예를 들어 아까 성격이 소극적이어서 친구 사귀기가 힘들다고 했죠? 그런데 면담을 해 보면 성격이 소극적인 게 문제가 아니라 오히려 부적절하게 적극적인 게 문제일 수도 있고, 다른 사람이 싫어할 만한 행동을 할 수가 있습니다. 또는 친구가 객관적인 기준으로 충분히 많은데 혼자 적다고 생각하는 걸 수도 있어요. 그래서 상담 전에 바래 왔던 상태를 바로 목표로 바꾸는 것이 아니라, 상담선생님과 함께 의논해서 바람직한 목표를 찾아야 하는 것이죠.

19

라포의 힘(2), 변화를 만들어요.

연락에 집착하는 자신의 모습을 바꾸고 싶은 친구가 있어요.

상담을 통해 연락에 집착하는 이유들을 먼저 찾아보았어요.

상담중기에는 기존의 행동을 바꾸는 연습을 시작했답니다.

선택적 추상화,
파국화
(기타등등 인지오류) →

크헝 헝 헝 헝헝...

쓴절각인가?

나를 좋아한다면
칼답했겠지 ..?

. . .

고요 -

그래도 쌤 말처럼 기다려봐야지ㅠ

이 연습은 고통스럽고, 견디기 힘든 과정일 수 있어요.

이 과정을 견딜수 있도록 돕는 것은 상담자에 대한 신뢰, 즉
'라포'입니다. 라포는 변화를 위한 용기를 만들어 줍니다.

공감

일관성

전문성

나도 그렇게
불안한 생각이
들때가 있더라

경청

진실성

속상할것 같아.. 혹시
친구가 무슨일에 집중하고
있는 건 아닐까? 이유에
대해 같이 생각해보자

수용

Rapport up!!

용기 up!!

📢 라포가 무엇인가요?

혹시 '라포 형성'이라는 말을 들어본 적 있나요? 이것도 과거에는 주로 심리학 영역에서만 쓰는 용어였는데 요새는 주변에서 쉽게 접할 수 있습니다. 두 사람 사이에 생기는 친밀감과 믿음을 라포라고 합니다. 상담자는 내담자와 효과적인 상담을 하기 위해서 신뢰와 친밀감을 주어야 한다는 것이죠. 사실 이 덕목은 의사소통을 하는 모든 사람들에게, 나아가 가족과 친구와 선생님 제자 사이에도 다 필요하기 때문에 라포를 강조하는 분위기가 된 겁니다.

상담을 잘 모르는 사람도 사실 상담자와 내담자 사이가 라포가 있다면 당연히 말도 더 잘 통하고 여러모로 유리한 점이 많으리라는 것은 짐작할 수 있어요. 그런데 상담심리학에서는 라포를 '상담에 도움이 된다' 수준이 아니라 '없으면 상담이 불가능하다'라고 말합니다. 사실상 일반적인 두 사람의 대화보다 더 나을 것이 없다는 거죠. 왜 이렇게까지 라포가 중요할까요?

여러분이 익숙하지 않은 어떤 공간에 눈을 감고 있다고 상상해 봅시다. 이 상태에서 그 공간의 다른 지점까지 걸어가야 하는 상황입니다. 이런 막막한 여행을 도와주는 사람이 상담자입니다. 안내가 잘못되면 장애물에 발이 걸리거나, 벽이 부딪치거나 엉뚱한 방향으로 갈 수도 있습니다. 깊은 두려움 속에 있는 상황이지요. 눈을 감고 있는 나를 이끌어 주는 이 사람을 믿지 못한다면 한 발짝도 앞으로 갈 수 없습니다.

위의 비유를 상담에도 적용시킬 수 있습니다. 상담의 목표는 변화입니다. 생각하는 방식을 바꾸는 것일 수도 있고 행동을 바꾸는 것일 수도 있죠. 어쨌든 변화하기 위해서는 내 익숙한 생존 방식을 버리고 한 번도 취해 보지 않은 다른 방식을 택해야 합니다. 그러니까 막막한 여행인거죠. 그 공포를 잘 다스려 가며 전진하려면 상담자와의 라포가 필수입니다.

예를 들면, 친구들과의 연락에 집착하는 고민을 가진 한 친구가 있다고 해 봅시다. 한 시간 정도만 카톡에 답이 오지 않아도 이 사람과의 관계가 영영 끝나버릴까 무서워 견딜 수 없는 것이죠. 그래서 상대가 무언가 응답을 해보기도 전에 왜 바로바로 답장을 해주지 않느냐고 따지게 됩니다. 아니면 기다릴 때의 긴장감을 견디기 싫어서 친구 관계를 끊어버리기도 합니다.

내담자가 이렇게 행동하는 데는 여러 이유가 있을 겁니다. 어린 시절에 친구와의 관계가 매섭게 깨졌거나, 중요한 누군가의 죽음을 경험하여 상처를 심하게 받았을 수 있어요. 인간관계가 살짝만 틀어져도 완전히 무너져버린다는 고정관념을 가지고 있을 수도 있습니다. 이러한 것들은 상담 초기에 내담자가 상담자에게 자기 이야기를 솔직하게 털어놓는 과정에서 발견할 수 있습니다.

상담 중기부터는 기존의 행동을 바꾸어 보는 연습을 합니다. 이 내담자의 경우 친구에게 바로 카톡 답장이 오지 않아도 재차 연락을 하는 대신 버텨보기를 해 볼 수 있습니다. 이러한 훈련은 엄청 고통스러운 과정일 거예요. 심하면 연락에 공백이 있는 동안 '나를 좋아한다면 바로바로 답장을 해 줄 텐데…' '연락이 없는 걸 보니 절교를 준비하고 있구나' 등등 오만가지 생각이 들고 무서워서 참을 수 없다는 생각이 계속 들 겁니다. 이런 시간을 견딜 수 있도록 도와주는 것이 바로 상담자에 대한 신뢰, 즉 라포입니다.

　요약하면 이렇습니다. '변화에는 용기가 필요하다. 용기는 상담자에 대한 신뢰에서 나온다. 그래서 상담이 효과가 있으려면 라포가 있어야 한다.'

　그렇다면 라포는 어떻게 만들어질까요? 이렇게 물어보면 되겠죠. 여러분은 어떤 사람에게 친밀감과 믿음을 느끼나요? 그렇다면 여러 대답이 나올 겁니다. '내 말을 끊지 않고 들어주는 사람', '항상 말과 행동이 일관된 사람', '나의 깊은 곳까지 이해해주는 사람', '내 생각과 감정이 어떻든 이를 질책하지 않고 다 받아들여주는 사람', '상담에 관한 지식과 기술이 많아서 실질적 도움을 줄 수 있는 것 같은 사람' 등이 있겠죠. 그리고 상담선생님은 이런 사람이 되기 위해 항상 노력할 겁니다. 물론 여러분이 상담을 직업으로 삼게 되지 않더라도 친밀감과 믿음을 주는 사람이 되는 것은 중요한 일입니다.

　현실에서 주변 사람들과 라포를 잘 만드는 사람은 행복한 삶을 살 수 있기 때문입니다. 가장 친한 친구를 떠올려 보세요. 그 친구는 내가 뭐라고 하든 어떻게 행동하든 항상 옆에 있어 줄 거라는 믿음이 있을 겁니다. 그 너그러움의 그릇 속에서 우리는 더 자유로워집니다. 나를 자유롭게 하는 사람, 내가 자유롭게 하는 사람이 많아질수록 우리의 삶은 더 풍요로워집니다.

20

감정이라는 열쇠

힘들어서 상담을 받으러 왔는데.. 사실 제 마음이 지금
어떤 상황인지, 어떤 느낌인지 잘 모르겠어요ㅠ

그건 우리가 이렇게 자라왔기 때문이 아닐까요?

감정은 누른다고 해서 사라지는 게 아니에요.

친구가 전학갔지만
나는 우울하지
않다

정말인가?

정말이다

그런가보다
...ㅋ

마음속에 감정이 떠오르는 데는 상황·이유가 있거든요.

감정은, 느끼고 표현할 때 그 무게가 줄어요.

사실 좀
배신감도
들구요..

서운하기도
해요

앞으로
어떻게 지낼지
걱정도 돼요..

외면해온 감정을 받아들이고, 제 자리를 찾아줘야 해요!

📢 감정이라는 열쇠

'나 너무 힘들어서 상담 받아야겠어'라는 말 중 힘들다는 단어가 의미하는 바는 무엇일까요? 바로 와닿지는 않을 거에요. 그래도 우리는 이게 무거운 짐을 드느라 힘든 것과는 분명히 다르다는 건 알죠. 힘들다는 말 앞에는 '마음'이라는 단어가 생략되어 있습니다. 그리고 그 '마음'은 십중팔구 기분, 혹은 감정입니다. 어떤 기분일까요? 사람을 고통스럽게 하는 것이니 당연히 안 좋은 기분이겠죠. 더 구체적으로 말하면 슬픔, 외로움, 불안감, 걱정, 화 등이에요. 고쳐 말해 보면 '나 부정적 감정이 자꾸 느껴져서 상담 받아야겠어'라는 말이죠.

사람들이 상담을 받고 싶은 원인 중 많은 부분이 고통스러운 감정의 경험에서 비롯됩니다. 그리고 기쁨, 즐거움, 편안함 등 긍정적 감정을 누리게 되면 그 상담의 효과를 느끼게 되겠죠. 마음이 아픈 것은 이처럼 감정의 문제입니다.

우리는 어릴 때부터 부정적 감정을 느끼는 걸 나쁘다고 배우며 자라납니다. 친구랑 싸우다가 울면 나약하다고 손가락질 당하고, 억울한 일에 화를 내면 참을성이 부족하다고 꾸지람을 듣지요. 불안해하거나 무서워하는 티를 내면 겁쟁이 취급을 당하기도 합니다. 자기도 모르게 부정적 감정이 인식되어도 이를 모른 척하고 눌러놓는 습관이 자라면서 생기게 됩니다. 그게 어른이 되어가는 길이라고 여기기도 하지요. 감정 억압에 능숙해지면 자신을 슬픔도 분노도 없는 성숙한 사람으로 평가하게 되죠. 어떤 상황도 웃어넘길 수 있는 강인한 사람인 거죠.

인식되지 못하고 눌려있는 감정은 사라지는 것이 아닙니다. 감정을 못 느껴도, 이차적 고통은 고스란히 전달됩니다. '화가 난다, 무섭다, 슬프다'라는 단어로 표현되는 것이 아니라 '짜증난다, 답답하다, 힘들다, 기분 나쁘다'라는 더 단순하고 원시적인 상태로 표현됩니다. 감정이 둔해진 상태에서는 자신이 어떻게 힘든지, 왜 힘든지 알기가 어렵습니다. 마음속에 감정이 떠오르는 데는 상황과 이유가 있기 마련이거든요.

사랑하는 사람과 헤어지거나 절친이 다른 지역으로 이사가면 우리는 '슬픔'을 경험합니다. 오랜 기간 동안 주변 사람들과 연락을 하지 못하면 '외로움'에 빠지죠. 누가 나를 무시하는 것 같으면 '화'가 납니다. 중요한 시험을 앞둔 전날 밤에는 '불안'하고 '걱정'되서 잠을 못 자죠. 이처럼 감정이 출연하기 전에는 그 원인이 있고, 감정을 추적하면 상황이 생각과 느낌으로 이어지는 내 마음의 원리를 탐색할 수 있게 됩니다.

이 마음의 원리를 아는 사람은 부정적 감정으로 인해 힘들더라도 견딜 수 있습니다. 감정은 느끼고 표현하면 그 무게가 줄어드는 속성이 있거든요. 그래서 우리는 친구와 가족에게(그리고 친구와 가족은 우리에게) 화가 나고 슬프고 걱정되는 일들을 털어놓습니다. 이렇게 주고받는 이야기 안에는 그 상황에 관한 정보가 대부분의 비중을 차지하지만, 핵심은 그게 아니라 그 안에 숨겨져 있는 감정이지요. '인간은 대화중에 해결책을 전달받기보다 자신의 마음을 이해받기를 바란다'라는 것은 가장 고전적인 심리학 원리이지요.

부정적 감정을 느끼지 않는 훈련을 너무 많이 하거나, 특정 감정과 관련된 상처를 너무 많이 받으면 감정 인식이 안 됩니다. 부정적 감정의 여파를 해소하기가 어려워지는 거죠. 슬퍼도, 화가 나도, 불안해도 그게 구분이 안 되고 그저 짜증나고 이 미지의 느낌에서 벗어나고 싶다는 생각밖에 안 들게 됩니다. 심한 경우 술을 많이 마시거나 일 중독 상태에 빠져서 괴로운 감정에서 도피하고자 합니다.

라포 형성에 이어 효과적인 상담에 이르는 두 번째 관문은 감정의 이해입니다. 그러려면 먼저 외면해온 감정들을 받아들이는 것이 우선입니다. 더불어 뭉텅이로 느껴지는 감정들을 잘 정리하고 나눠서 각자 제 자리를 찾아주어야 해요. 이렇게 하면 이전에 비해 부정적 감정으로 인한 고통이 줄어들게 됩니다.

21

감정조절의 첫 단계

저는 화가 너무 많이나면 머릿속이 하얗게 돼요ㅠㅠ

제 성격이 나쁘고, 인내심이 없어서 그런걸까요?

사람은 감정을 일시적으로 누를 수는 있어도, 완전하게 감정을 거슬러 살 수는 없어요

그렇다면 감정조절은 어떻게 할 수 있을까요?

상담선생님들은 공감을 통해 여러분을 도울게요.

감정조절을 위해 먼저 감정을 인정하고 받아들여야해요.
그리고 이를 적절하게 표현하고 해소하는게 우리목표예요.

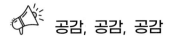 공감, 공감, 공감

　상담선생님이 여러분에 관해 충분히 이해하고, 라포도 형성이 되면 상담도 본론으로 들어가게 됩니다. 준비가 되었으니, 이제 문제 해결 작업을 시작하는 겁니다. 상담을 보통 초기, 중기, 종결단계로 나누는데 이제 중기 단계에 접어든 것입니다. 중기 단계에서 해야 할 일은 두 가지로 요약할 수 있습니다. 첫째, 감정을 이해하는 겁니다. 왜 해야 하는지 위 절에서 충분히 설명드렸죠? 둘째, 생각과 행동의 변화를 가져오는 겁니다. 말하자면 여러분을 그동안 힘들게 한 문제를 직접적으로 해결하는 것입니다. 이 두 가지 일은 아마도 상담 중기에 동시에 하게 될 겁니다.

　사실, 생각과 행동을 변화하는 과제를 하기 위해서도 감정의 이해가 먼저입니다. 이 정도 되면 제가 감정이라는 요소를 너무 과하게 강조하나 싶기도 하죠? 사실이 그렇습니다. 사회화 과정에서 우리는 감정을 냉철한 삶을 방해하는 거추장스러운 존재로 생각하죠. 생각을 이치에 맞게 하고 이성으로 감정을 통제하면 완벽한 인생을 살 수 있다고 믿지요. 하지만 결정적인 순간에는 항상 이성은 감정과의 힘 싸움에서 무참히 패배합니다.

　뇌 과학자들은 인간의 뇌를 크게 이성뇌(대뇌피질), 감정뇌(변연계), 생존뇌(후뇌)로 나눕니다. 생존뇌는 호흡과 심장박동 등 생명유지와 직결되는 기능들을 관리해요. 그리고 감정뇌는 분노와 불안 등 감정의 발화를 담당합니다. 이성뇌는 감정뇌의 통제, 언어, 생각 등 더 복잡한 기능들을 담당하지요. 생명의 진화 역사 중에 생존뇌가 가장 먼저 생겼고 감정뇌, 이성뇌 순으로 발달했습니다. 먼저 생긴 감정뇌인 변연계의 힘이 매우 원초적이고 강력하다는 것이죠. 그래서 인간은 일시적으로 감정을 누를 수는 있어도, 완전히 감정을 거슬러서 살 수는 없어요.

누군가 '화가 너무 나서 참을 수 없어 지나가는 사람을 때렸다.'라고 하면 우리는 그 사람의 인내심 없음을 욕할 수 있겠죠. 더 깊이 생각해본다면 이 사람에게는 분노라는 감정이 너무 세서, 이성으로 누르는 데 실패했다고 볼 수도 있겠죠. 사실 여러분도 너무 강렬한 감정을 느껴서 생각의 회로가 끊어진 경험이 한 두 번은 있을 겁니다. 그리고 인생의 자잘한 사건들도 살펴보면 이성이 아니라 감정이 결정했다는 걸 알고 놀랄 때가 있을 거예요.

그렇다면 감정을 어떻게 관리해야 할까요? 일단 일차적으로 감정을 인정하고 받아들입니다. 화가 나면 화가 난 대로, 기쁘면 기쁜 대로 이를 좋은 것 혹은 나쁜 것이라고 평가하지 않고 그냥 있는 그대로 느낍니다. 이런 훈련이 반복되면 지금 현재 느끼는 것이 어떤 감정인지, 얼마나 강한지, 왜 그런 감정이 출연했는지 깨닫게 됩니다. 그리고 이를 표현합니다. 자신이 인식한 대로 '이러 이러해서 화가 났어요', '무엇 때문에 슬펐어요'라고 말하는 것이죠. 표현의 대상을 상담선생님으로 하는 것이 그 시작이 되겠죠.

상담선생님의 역할이 바로 공감이라는 방법을 이용해 이 과정을 돕는 것입니다. 상담 주제와 관련된 사건, 상황들을 이야기할 때 여러분의 표정과 이야기의 앞뒤 맥락을 보고 감정을 읽어주는 것이죠. 내담자가 단순히 '짜증나요', '기분나빠요'라고 표현한다면 그게 화가 난 건지, 슬픈 건지, 질투인지 부러움인지 짚어내 주는 역할도 하는 것이죠.

이 과정을 통해 내담자는 자기감정을 더 정확하게 표현할 수 있고, 결국 더 잘 해소할 수 있게 되겠죠.

감정은 말뿐 아니라 표정에서도 읽어낼 수 있습니다. 사실 말보다는 표정이나 행동이 그 사람의 감정을 더 잘 드러내 주죠. 인상을 찌푸리면서 '괜찮았어요'라고 한다면 그 사람이 경험했던 감정은 실제로는 불쾌감이었을 겁니다. 숨겨진 감정을 읽어 준다면 내담자는 자신의 느낌에 관해 그동안 오해하고 있었다는 것도 깨달을 수 있습니다.

22

생각의 한계에 닿기

생각과 감정과 행동은 서로 영향을 주고받아요

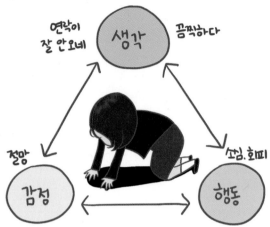

보통은 감정, 행동때문에 상담에 오곤 합니다

생각에 대해 자세히 묻는 것은 '구체화'라고 해요

'반박'을 통해 생각에 대해 따져보기도 합니다

구체화와 반박은 자신을 객관적으로 볼수 있게 해요

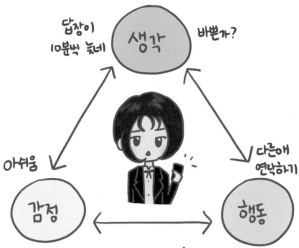

자연스레 생각이 바뀌면, 감정과 행동에도 변화가옵니다

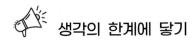

생각의 한계에 닿기

　인간은 끊임없이 생각합니다. 오늘 저녁 메뉴, 다음 주까지 해야 할 과제, 그저께 친구가 던진 말의 의미, 대한민국의 미래, 지구온난화 문제 등등. 우리의 의지와 상관없이 수많은 생각들이 머릿속을 두서없이 흘러갑니다. 그 내용들은 자동적으로 만들어지죠. 주의 깊게 살피지 않는다면 말이죠.

　생각은 감정과 행동에 영향을 미칩니다. 다른 사람이 나를 무시한다고 생각하면 화도 나고 못 참으면 욕설을 하게 되는 것처럼요. 하지만 보통 우리는 생각이 낳은 감정, 행동 때문에 상담을 옵니다. 우울하고, 불안하고, 화나는 감정. 다른 사람을 자꾸 때리는 행동, 해야 할 일을 자꾸 미루는 습관 등이죠. 그 아래에는 생각이 깔려 있죠. 주의를 기울이지 않으면 자동적으로 그냥 떠오르는 것들 말이죠.

　다행히도 우리에게는 언어가 있습니다. 생각의 형태는 우리말 문장으로 되어 있어요. 그래서 머리에 떠오른 바를 적어 놓거나 말로 이야기할 수 있고, 더 삶에 도움이 되는 쪽으로 수정할 수 있습니다. 가장 기초적인 단계는 상담선생님의 힘을 빌리지 않고도 가능합니다.

　예를 들어 머릿속에 '친구가 나한테 연락을 잘 안 하네, 아, 죽고 싶다'라는 생각이 떠올랐다고 해 봅시다. 우울한 기분을 자주 느끼는 사람들은 자주 속으로 이런 말들을 하곤 합니다. 그러면 이 문장에서 숨겨진 요소들을 찾아보는 게 도움이 됩니다.

　'연락을 잘 안 한다는 게 얼마나 안 한다는 거야?'라는 질문을 던져

봅시다. 어떤 사람은 10분 안에 카톡 답장이 오지 않으면 친구가 나한테 연락을 안 한다고 생각할 수도 있습니다. 확실히 보편적인 기준은 아니죠. 또는 '죽고 싶다는 게 어떤 느낌이야?'라고 물어 봐도 되죠. 습관적으로는 '죽음'이라는 단어가 떠오르더라도 그 안에서 느껴지는 서운한 감정의 크기는 그 단어가 가진 무게만큼은 심하지 않을 수 있습니다. 이런 걸 상담 기법으로는 '구체화'라고 합니다. 같은 말도 더 구체적으로 바꾸는 거죠. 이 작업만 해도 사소한 일에 극단적으로 반응하는 '나'를 바라볼 수 있습니다.

더 나아가 적극적으로 저 생각들에 반박을 할 수 있습니다. '친구한테 연락이 안 오는 게 죽고 살고의 문제로 가져갈 일이야?', '현실적으로 모든 친구가 나한테 연락 잘 하는 게 가능해?', '연락이 오지 않을 때마다 자기비하적으로 생각하는 게 내 인생에 도움이 될까?' 이런 식으로 말이죠. 방금 했던 부정적 생각이 논리적으로 말이 되는지, 현실적으로 너무 과하지는 않은지, 나한테 유용한지 등을 따져보는 것이죠. 이건 상담에서 말하는 '인지치료'의 핵심적인 기법이기도 합니다.

생각이라는 것은 자동적입니다. 그냥 노력하지 않아도 떠오르는 것이죠. 또한 피상적입니다. 매우 얇고, 별로 근거가 없어요. 그렇지만 항상 쏟아지듯 나타나서 우리의 마음을 점령합니다. 다른 생각을 만들어서 고쳐보려고 해도 잘 되지 않아요. 어른들이나 친구들이 '그렇게 나쁘게만 생각하지 말고 마음을 고쳐먹어 봐'라는 조언이 도움이 안 되는 이유죠.

위에서 말한 구체화와 논박의 과정을 통해 어느 날 우리는 멀리서 제3자가 되어 자기 자신을 바라보게 됩니다. 그리고 익숙했던 우리 생각을 낯설게 느끼게 되죠. '왜 내가 저렇게 생각했지? 그거 희한하네.'

이렇게 되면 애를 쓰지 않아도 자연스럽게 생각이 바뀌게 됩니다. 처음에 그러면 우리가 처음에 상담하러 왔던 이유인 부적절한 감정이나 행동에도 변화가 오게 되죠.

상담의 중간 단계에서는 앞의 절에서 말한 공감을 통한 감정의 변화와, 구체화와 논박을 통한 생각의 수정을 꾀하게 됩니다. 그리고 이 책을 통해 계속 말해왔던 것처럼 이런 효과들은 한두 번의 대화로 나타나지 않습니다. 상담자와 내담자가 함께 도와가며 끈질기게 연습해야 하는 것이죠.

상담의 쓴맛

저는 상담을 꽤 여러번 받아왔어요

요즘들어 상담시간이 예전같이 편하지만은 않아요 ㅠㅠ

상담 중기에 이런 '저항'이 나타나는 이유는 ..

장기적으로 봤을 때 나를 괴롭게 하는 습관들이 사실은
즉각적으로 나를 편하게 하기도 했기 때문이에요.

불편한 느낌을 마주하는게 힘들고, 버거울 수 있어요.

조금만 더 버텨주세요! 변화가 시작되고 있다는 신호니까요!

📢 좋은 말은 입에 쓴가요?

'좋은 약은 입에 쓰다'라는 격언, 많이 들어봤지요? 한의원에서 지어 주는 보약을 들이킬 때를 기억해 보세요. 떠올리기만 해도 혀에서 쓰라림이 느껴지죠? 보약을 참고 삼켜내는 이유는 뭘까요? 건강에 도움이 된다고 믿기 때문이지요.

사실 인간이라는 동물은 단 맛, 고소한 맛을 선호하고 쓴 맛을 싫어하도록 진화했다고 합니다. 당분과 지방을 많이 함유한 음식이 우리에게 맛있게 느껴집니다. 이러한 음식은 칼로리가 높고 힘이 나게 합니다. 그러니 달고 고소한 음식을 선호하는 습성은 생존에 도움이 되었겠죠. 반면 인간은 건강에 해가 되는 음식들을 쓰다고 느꼈습니다. 그러니 자연스럽게 맛있는 음식을 먹으면 영양보충을 많이 하게 돼서 살아남는데 유리했습니다. 먹을 게 부족하던 시절까지는 그렇죠. 지금은 먹을 게 부족하지 않으니 고칼로리 음식을 절제해서 오히려 체중을 조절해야 하죠. 반면 과거에 자연 상태에는 존재하지 않았지만 나중에 인간이 개발해낸 약들은 맛이 쓰기도 하죠. 이런 약이 병을 고치기도 하구요.

상담을 맛에 비유하면 어떨까요? 상담자마다 스타일은 조금씩 다릅니다. 하지만 일반적으로 친구와의 수다보다 상담자와의 대화가 더 달게 느껴질 겁니다. 상담자는 내담자의 말을 처음부터 끝까지 들어주고, 단락의 끝에선 그 말을 정리해 주기도 하죠. 인정하고 지지하고 격려해 줍니다. 말 속에 감정이 드러나면 그걸 마치 내가 느낀 것처럼 표현해 주죠. 아무에게도 할 수 없는 말도 할 수 있습니다. 비밀을 지켜주고, 항상 내 편이라는 믿음도 주죠. 정말 말벗으로 완벽한 사람이죠(사설 저는 '사람'이라기보다는 '태도'라고 말하고 싶어요. 상담선생님도 완벽한 사람은 아니기 때문에 상담실을 벗어나면 이런 태도가 지치거든요).

상담이론에서는 상담과정을 초기, 중기, 종결기의 세 단계로 나눕니다. 상담은 보통 초기에 즐겁다가, 중기에 들어서면서 종종 쓴맛을 느끼게 될 때가 있습니다. 중기는 변화를 시도하는 단계고, 변화는 아프기 때문이죠. 우리를 상담실로 이끌었던 그 생각과 행동의 변화 말이에요. 그동안 내 행동 패턴들이 적응에 해가 되게 굳어진 이유는 그게 인생과정 동안 당장의 고통을 피하게 해 주고 위안을 주었기 때문입니다.

예를 들면 사소한 일로 화를 내고 주변 사람들에게 손찌검을 하는 게 고민인 내담자가 있을 수 있습니다. 이 사람이 소리를 지르거나 주먹질을 하면 주변 사람들이 그 사람을 두려워할 겁니다. 함부로 대하지 못할 수도 있구요. 이 사람은 자신의 나쁜 습관 덕에 무시당한다는 느낌에서 벗어날 수 있습니다. 멀리 보면 좋은 친구들과 멀어지고 사회적 물의를 일으켜 처벌을 받게 된다는 크나큰 단점이 있지만, 당장의 유쾌한 느낌이 더 즉각적이겠죠. 이처럼 상담을 통해 고쳐야 할 습관들은 일시적으로는 그 사람에게 위안이 되는 경우가 많습니다.

상담과정 중기에는 내담자가 자신의 있는 모습을 그대로 볼 기회가 생깁니다. 화내는 현재의 모습, 소리지르는 것 말고는 당시의 고통을 해결할 방법이 없었던 과거의 나를 보게 됩니다. 부끄러움 혹은 죄책감과 같은 감정 등을 느끼게 됩니다. 상담과정 중에 쓴맛을 경험하게 되는 순간이죠. 피하고 싶은 순간 말이죠.

그래서 내담자는 이 시기에 자기 이야기를 하는 대신 남의 이야기로 시간을 때우려 들거나, 약속시간에 늦거나 상담을 빼먹기도 합니다.

이런 것들을 상담 용어는 '저항'이라고 해요. 상담이 더 진도 나가지 못하게 하려는 거죠. 그리고 내담자 스스로 자기가 상담을 방해하고 있다는 사실조차 모릅니다. 상담 과정 중에 저항의 단계는 거의 항상 나타나기 때문에 저희는 상담 공부 중에 이 단계를 잘 지나갈 방법을 배웁니다.

상담의 달콤한 부분을 즐기고, 쓴 맛이 입에 들어오는 순간 뱉고 싶은 건 자연스러운 본능입니다. 그런 마음이 드는 것은 나약해서가 아니에요. 그러나 이때 '내가 성장통을 겪고 있구나'라는 걸 느끼고 인내하고 지나가면 지금 당장은 힘들어도 앞으로의 인생은 더 달콤해집니다. 얼굴을 찌푸리면서도 보약을 들이키는 사람의 마음으로요.

어떻게 이 시기를 지나갈 수 있을까요? 일단 정해진 상담 회기를 다 채운다는 목표를 가지고 버티는 것이 좋습니다. 그래도 마음이 불편하면, 여러분의 생각과 감정을 있는 그대로 상담선생님한테 말하면 됩니다. 요새 상담에 오기에 발걸음이 무겁고, 말 한 마디 한 마디 하는 게 부담된다구요. 그렇게 하면 저항 안에 담긴 여러분의 마음을 더 깊이 이해할 수 있도록 상담선생님이 도와줄 겁니다.

다만 욕설이나 비난을 상담과 구분할 필요는 있습니다. 저는 상담을 전혀 배우지 않은 다른 분야의 사람이 충격요법을 한다며 내담자에게 일부러 험한 말을 해서 상처를 주는 광경을 방송에서 본 적이 있습니다. 일부러 내담자의 약점을 후벼 파서 눈물을 쏟아내게 하거나 흥분시킨 다음 극적인 감정의 변화를 이끌어내는 겁니다. 이런 행동과 상담은 다릅니다. 상담의 기본은 상대에 대한 존중과 배려입니다.

상담이 아니라 일상생활에서도 마찬가지입니다. 경각심을 준다 혹은 참교육을 한다며 주변 사람들에게 일부러 상처주는 말을 하는 사람

들이 있습니다. 그리고 이런 가학적인 지인들에게 잡혀 마음 아파하면
서도 그들이 하는 말이 입에 쓰니 당연히 약일 거라고 믿는 사람들도
있습니다. 그래서 '좋은 말은 입에 쓰다'라는 말을 '변화하는 과정은 아
프다'로 고쳐야 한다고 생각합니다. 상담 중기에 우리에게 변화가 필요
할 때 상담선생님은 듣기에 아픈 말을 할 수도 있습니다. 이 순간 도망
가고 싶은 마음을 참는다면, 과거에는 한 번도 경험하지 못한 성장을
얻게 될 겁니다. 당연히 그 열매는 달콤하구요.

24

사람은 쉽게 안 변해요.

'사람 쉽게 안 변한다'는 말, 한번쯤은 들어봤을거에요

주 1회 만나서 변화를 만들고 유지하는 것은 어려운일이죠!

이런 어려움을 극복하기 위해 과제를 줄 수도 있습니다.

함께 계획하고, 실천하고, 점검해 보자구요!

변화에는 연습이 필요합니다

3장에 걸쳐 저는 상담이 단순한 '삶의 해법 듣기'가 아니라고 설명해 왔습니다. 내담자가 어떤 사람인지 파악하고, 라포를 쌓고, 감정을 해소하고, 생각을 바꾸고, 새로운 습관을 만들고, 상담이 끝나도 혼자서 스스로를 관리해 나가는 계획을 세우는 것까지 굉장히 시간과 노력이 많이 들어가는 일이라구요. 그 중 감정과 생각의 변화 과정까지 이야기했으니 이제 행동의 변화를 상담 중에 어떻게 만들어 나가는지 소개할게요.

보통 상담은 한 주에 한 번씩 만나는 것을 기본으로 합니다. 그래서 행동의 변화를 위해서는 보통 한 주의 과제를 부여합니다. 다음 만남에서는 그걸 점검하죠. 상담 중에는 바꿀 필요가 있는 습관을 찾고, 현실적으로 한계시간 내에 달성할 수 있는 목표를 세웁니다(그런 기준에서 우리가 세우는 새해 목표는 정말 비현실적이죠).

이시히 히로유키의 『희망 사용 설명서』라는 책에는 '화장실 나올 때 슬리퍼 정리하기'를 실천목표로 삼아 상담하는 장면이 등장합니다. '나는 아무것도 할 수 없어'라고 생각하는 내담자에게 상담자는 화장실에서 나올 때마다 슬리퍼를 가지런히 놓고 나오는 것을 첫 목표로 삼도록 권합니다. 내담자는 '이런 게 뭐가 도움이 되겠냐'라고 생각했지만 일단 실천에 옮깁니다. 슬리퍼를 정리하지 않고 외출했다는 사실이 떠오르면 다시 집에 들어가 바로잡을 정도로 철저하게 규칙을 지킵니다. 결국 이 실천으로 얻은 자신감 덕에 오랜 절망을 극복하고 다시 바깥세상에 나가게 됩니다.

상담선생님과 하는 상담도 비슷합니다. 실현 가능하면서도 유용한 목표를 정합니다. 아침에 10분 일찍 일어나기, 화가 나면 세 번 심호흡하기, 우울할 때는 밖에서 5분 이상 걷기 등 자신의 상담 목표와 관련이 있는 과제들을 정하고 일주일간 실천합니다. 그리고 달성하지 못하면 그 원인을 찾고 수정합니다. 달성하면 조금 더 어려운 목표를 설정합니다. 이렇게 여러 번 반복하면 상담을 시작하기 전과 아주 다른 사람이 될 수 있습니다. 이렇게 행동을 바꾸어나는 과정에서 생각과 감정의 변화가 자연스럽게 나타나기도 합니다.

실천하는 과정을 기록하는 것도 도움이 됩니다. 종이에 표를 만들어서 ① 구체적인 목표 ② 달성한 정도 ③ 행동 후에 든 생각 ④ 행동 후에 느낀 기분 등을 적어 두고 볼 수 있는 곳에 붙여 놓으면 더 좋은 쪽으로 변해가는 나 자신에 대한 뿌듯함과 기쁨을 느낄 수 있습니다.

'높고 원대한 목표를 세우고 죽을 것 같이 노력해라!'라고 주장하는 자기계발서가 유행했던 시절이 있었습니다. '하루에 다섯 시간을 자면 명문대를 갈 수 없다', '참을 만하면 진정으로 인내하고 있는 것이 아니다' 등등. 그러나 상담심리학의 입장은 조금 다릅니다. 너무 애쓰지 않아도 충분히 이룰 수 있을 것 같은 목표를 잡는 것이 더 좋습니다. 중요한 건 목표의 원대함이 아닙니다. 목표의 실현이죠. 목표를 너무 크게 세워서 실패의 경험을 만드는 것이 실제로는 더 해롭습니다.

그리고 행동의 변화를 꾀하는 단계에서는 종종 상담선생님도 여러분에게 조언을 할 수 있습니다. 원래 상담은 내담자가 스스로 선택하고 결정하는 힘을 기르도록 돕는 일이기 때문에 무언가를 해라 혹은 하지 말아라 하는 지시는 잘 하지 않습니다. 특히나 조언은 듣기에 불쾌하고

통제당하는 느낌을 줄 수도 있기 때문에 라포를 형성해야 하는 시기에는 할 수 없지요. 그러나 서로 신뢰가 생긴 다음에는 정말 꼭 필요하다면 행동의 변화를 꾀하기 위해서 조언과 같은 상담기법을 사용할 수 있죠. 아주 최소한으로요. 그리고 책이나 유인물 등 유용한 정보를 제공하기도 합니다. 상담에 도움이 될 수 있다면 이런 기법을 좀 더 자유롭게 쓸 수 있는 거죠. 그럴 수 있는 사이가 됐으니까요.

25

상담 종결 준비하기

상담은 기간이 정해진 만남입니다. 정해진 회기가 끝나갈때
혹은 상담목표를 이루었을때 종결을 준비하게 됩니다.

종결 준비 시, 함께 목표달성을 평가하고..

작별을 준비하는 과정도 중요합니다. 누군가는 종결감정이
아프고 괴로워서, 이 작별을 미루고 싶어 하기도 해요.

종결 시러요... ㅠ

근데 제가 새로운 친구도 만들고, 예전보다 솔직하게 표현하는 방법도 알게 되었긴하지만, 아직은 혼자서 뭘하 결정하는 게 어렵고 혼란스럽고, 저를 잘 못 믿겠는데에에 ...

이 고비를 잘 넘기고, 두가지 선물을 받아가길 응원합니다!

새학년 올라가도 이것저것 도전해 보려구요 !

근거있는 자신감!!

문제를 스스로 해결하는 힘

사회기술 UP!!

좋은 관계를 만드는 힘

샘이랑도 잘 얘기 했었으니.. 일단 다가가 보자

📢 이 만남도 언젠가는 끝납니다

이 장에서 '라포'에 관해서 설명할 때, 상담자와 내담자의 관계는 특별하다고 말한 적이 있습니다. 두 사람은 서로의 마음을 잘 나누기 위해서 친밀감과 믿음이 있는 관계를 만든다구요. 라포가 정말 잘 만들어졌다면 상담선생님과의 관계가 아주 좋은 친구관계처럼 느껴질 겁니다. 게다가 내 인생의 문제를 해결하도록 도와주기까지 하죠. 그래서 상담 기간이 짧았더라도 내담자에게 상담자는 소중한 사람이 됩니다.

하지만 상담이란 것은 기한이 정해져 있는 만남입니다. 정해진 회기를 채웠을 때, 혹은 상담 목표를 이루었을 때 상담은 끝납니다. 이를 상담의 종결이라고 합니다. 헤어지고 나면, 상담선생님은 도움이 필요한 다른 학생을 만나야 하고, 내담학생은 상담과정에서 연습한 바를 현실에서 스스로 실천해야 합니다. 전학을 가거나, 졸업을 하거나, 기타 다른 학사일정 때문에 불가피하게 중간에 상담을 그만두어야 할 수도 있습니다.

보통 상담의 종결은 2~3회기 전부터 준비하기 시작합니다. 상담 초기에 함께 세웠던 목표를 얼마나 이루었는지 평가합니다. 사람을 피하던 친구가 누군가에게 마음을 열기 시작하는 것, 화가 나면 반사적으로 육두문자를 쏟아내던 친구가 보다 온건한 말로 자신의 마음을 말하게 되는 것, 자기 미래에 관해 손 놓고 걱정만 하던 친구가 스스로 진로 정보를 찾기 시작하는 것 등. 이런 조짐들을 보고 상담선생님은 이제 상담을 마쳐도 괜찮겠다는 생각을 하게 됩니다.

물론 이런 평가를 상담자가 일방적으로 하지는 않습니다. 상담자와 내담자가 의논을 해야겠죠. 성취한 목표들을 하나하나 짚어나가 봅니다. 그 중엔 잘 된 것도 있고 뜻대로 되지 않은 것도 있을 겁니다. 그러므로 해결되지 않은 나머지 과제들을 미래에 어떻게 다루어야 할지 의논하고 같이 계획을 하는 것도 이 시기에 할 일입니다. 한 가지 분명한 건 상담 전보다 더 나은 사람이 되었다는 겁니다. 이 사실을 확인하면 내담자는 자신감을 얻고 상담자는 보람을 느끼게 되죠.

목표 달성의 평가만큼이나 중요한 것은 작별을 준비하는 것입니다. 위에서 말했다시피 내담자 입장에서 상담을 종결하는 것은 마치 소중한 어떤 사람과 헤어지는 느낌일 수 있습니다. 만남과 이별은 자연스러운 삶의 과정이라는 걸 깨닫는 과정이죠. 상담은 이러한 슬픔을 인정하는 과정이기도 합니다. 이 작업이 한 회기로 끝날 수 없기 때문에 2~3회기 정도의 여유를 두며 준비하는 것입니다.

제가 말하고자 하는 상담 종결이 어떤 감정인지 여러분도 감이 오시나요? 친한 동네 형이나 언니랑 헤어지는 심정과 비슷할 겁니다. 이사하거나 전학을 갈 때도 느낄 만할 거구요. 상담과정 동안 의지해 왔기 때문에 종결 이후에는 삶의 의무와 책임이 더 무겁게 느껴질 수도 있습니다. 그래서 내담자 중에서는 상담을 계속 유지하기 위해 일부러 목표달성을 미루거나, 갑자기 새로운 문제를 찾아서 상의하자고 하기도 합니다. 헤어짐의 아픔을 미루고 싶은 것이죠.

종결단계라는 고비를 잘 넘기고 나면 내담자는 두 가지 선물을 받게 됩니다. 첫 번째는 누군가의 도움 없이도 스스로 자기 문제를 해결해나갈 수 있는 능력입니다. 두 번째는 상담자와 함께 했던 라포의 경험입니다. 상담이 끝날 때쯤이면 좋은 관계를 만드는 힘이 한 뼘 더 자랐을 겁니다. 이를 바탕으로 현실에서 친밀감을 나눌 사람들을 사귀면 됩니다. 그러다 보면 이 고통도 더 좋은 인연으로 보상받을 날이 올 겁니다.

26

상담 종결, 그 이후

상담을 종결한 후에도 몇번 더 만나는 경우가 있어요.

종결 이후 추가적으로 진행하는 상담은 '추수상담'이라고 해요

지금까지 상담의 전반적인 과정을 쭉 살펴봤습니다.

여러분들은 어떠셨나요? 좀 더 학교상담이 친숙해졌나요?

오랜기간 상담을 공부해왔고, 꾸준히 노력하고있는
상담샘들이 위클래스에서 기다리고 있답니다!

상담 이후에도 잘 살고 있는지 확인합니다

    이로서 상담 과정에 관한 전반적 설명을 마쳤습니다. 상담은 종결한 것으로 끝이고, 그 이후로는 내담자가 스스로 선택하고 책임지는 인생이 재개됩니다. 다만 상담자는 6개월 안에 내담자를 한 번 더 만나는 경우가 있습니다. 이를 '추수면접'이라고 합니다. 상담실에서 만나서 얘기할 수도 있고 이메일이나 전화를 이용할 수도 있습니다. 이 과정에서 상담 중에 했던 계획을 잘 지켜가면서 살고 있는지, 혹시 더 도와줄 것은 없는지 확인합니다.

    몇 달 뒤에 만나게 되는 내담자는 어떤 삶을 살고 있을까요? 상담을 하는 사람으로서 계획이 잘 지켜지고 있으면 정말 기쁠 겁니다. 그게 인생에 도움이 되고 있으면 그 느낌은 배가 되겠죠. 상담이 끝나자마자 그동안 했던 약속을 망각하고 다시 익숙한 방식대로 지내고 있을지도 모릅니다. 10회 정도의 상담이 준 교훈이 지금은 큰 감흥을 주지 않아도 머릿속 어딘가 남아 먼 미래에 유용하게 쓰일 수도 있습니다. 그 모든 게 각자의 선택과 책임입니다.

    상담이라는 거, 생각보다 복잡하죠? 알아야 할 것도 상당하고, 할 일도 다양합니다. 척 보면 파악될 것 같은 사람에게도 심리검사를 사용합니다. 한두 마디 충고로 해결될 것 같은 문제도 수 주를 기다립니다. 아주 섬세하게 접근하고, 과도하다 싶을 정도로 배려합니다. 감정이라는 열쇠가 생각의 길을 뚫어 줄 때까지 인내하며 공감합니다. 실천 가능한 목표만 세우고 천천히 전진합니다. 상담이 종결될 순간까지 내담자의 심정을 배려합니다. 여러분이 이 장을 주의 깊게 읽으셨다면 왜 이렇게까지 정성을 들이는지 이해하셨으리라 생각합니다.

저는 '인간은 안 바뀐다'라는 말을 살면서 수없이 들었습니다. 예전에는 그냥 '아 인간이 변화하기 힘들다는 말이구나'라고 생각하고 의미두지 않고 넘어갔습니다. 근데 상담을 하다 보니 이 말 안에 얼마나 많은 좌절과 상처가 숨어있는지 알게 되었습니다. 매일 얼굴을 보고 서로 돕고 의지하며 살아야 하는 가족과 친구에게 실망하고 속 썩게 되는 일이 비일비재하잖아요. 그때 그들이 조금만 변하면 얼마나 내 인생이 풀릴까 생각해 보면 너무 안타깝죠. 엄마 아빠가 조금만 더 유연해지면, 우리 선생님이 살짝만 너그러워지면, 친구가 이기심을 약간만 거두면… 그러니까 '아주 작은 이것'만 고치면 된다고 생각하고 실제 무수한 실랑이를 하죠. 그리고 사람들에 대한 바람이 무수히 깨지면서 체념하며 '역시 인간은 안 바뀌어'라고 말하게 되죠.

남들이 바뀌길 원하는 만큼 자기 자신을 바꾸기 위해서도 무수히 노력해 보지 않았나요? 내 나쁜 습관이 인생에 불이익을 줄 때, 아니면 남한테 피해를 줄 때 내 자신이 너무 싫어지잖아요. 중요한 일이 일어날 때마다 기피하고 숨어버리거나, 화가 나면 이성을 잃어버리거나, 한없이 게으를 때 스스로를 비난하게 되기도 해요. 우리는 작심삼일의 인간이니까요.

이런 염원이 모여 심리학이 생겼습니다. 수많은 학자들이 인간을 변화시킬 방법을 찾고 연구했습니다. 그렇게 알게 된 사실들을 종합해 이론과 학문을 만들었죠. 이런 내용을 우리는 대학과 현장에서 두꺼운 책들을 들고 다니며 공부합니다. 그저 한 마디 좋은 말로 사람이 나아질 수 있다면 시간과 노력이 이만큼씩이나 필요하진 않았을 겁니다. 변화는 이렇게나 간절한 것입니다. 오랜 시간 동안 상담이론과 과정을 머리싸매고 공부한 선생님들이 지금 학교상담실에서 여러분을 기다리고 있습니다.

이제 막막한 문제를 혼자 안고 끙끙대지 말고 학교 상담실로 찾아가세요. 자주 얼굴 보는 선생님을 방문하기 민망하다면 주변의 청소년상담복지센터도 괜찮아요. 그리고 그 문제를 털어놓으세요. 이 모든 과정에 용기가 필요하다는 것 알아요. 하지만 전 상담을 받는 게 그럴 만한 가치가 있는 도전이라고 생각해요. 마음의 문을 연 대가로 여러분에 받게 될 선물은 이전보다는 더 밝아지고 성숙한 삶일 테니까요.

마치며: 상담에 관해 생각이 바뀌었으면

상담을 받는다는 건 대체 어떤 경험일까요? 드라마, 영화, 책 속에서 개인상담의 이미지가 아무리 많이 노출되어도 여전히 상담실은 미지의 세계입니다. 기대를 가지고 있는 분들에게는 기적적인 일이 일어나는 신비한 공간이고, 편견이 있는 분들에게는 무섭고 꺼려지는 곳입니다. 상담활동을 아주 나쁘거나 좋게만 보는 사람들에게는 공통점이 있습니다. 심리학 안에 삶에 관한 마술적인 해법이 있다는 믿음입니다.

'심리'라는 단어의 한자를 우리말로 풀면 '마음의 이치'입니다. 세상에, 이렇게 심오할 수가! 이 두 글자가 가진 이끌림 때문에 매년 겨울이면 수많은 입시생들이 심리학과를 원서를 냅니다. 대학에서 방대한 이론의 바다를 헤엄치다 보면 알게 됩니다. 인간의 성격을 바꿀 수 있는 마법주문은 없다는 것을요. 잘 설명되지 않는 마음의 원리를 탐구하기 위해 선배 연구자들이 씨름한 흔적만 따라 배우다 졸업하게 되지요.

그러니 사실 상담에 대해서 너무 기대할 필요는 없습니다. 상담자가 여러분의 마음을 함부로 헤집거나 조종할까봐 걱정할 이유는 더더욱 없습니다. 상담전문가도 결국 인간이고, 상식 안에서만 내담자의 문제를 해결하니까요. 다만 수 년간 심리학을 배웠기에 보통 사람들은 보지 못하는 마음의 다른 면을 깊고 넓게 볼 수 있다는 이점은 있습니다.

상담은 심리학의 전문가인 상담자와 함께 마음공부와 행동연습에 참여하는 행위입니다. 상담을 시작하면 두 사람은 오랜 시간 거친 세상을 헤쳐가며 만들어진 단단한 자아를 만납니다. 그러면 상담자는 이런 생각과 습관이 어떻게 생겼는지 내담자의 삶을 읽어나갑니다. 그 사람만의 타고난 속성과 어린 시절 경험, 현재 환경에 관한 정보를 수집하고 이론을 이용해 해석합니다. 인간의 역사 안에는 상처가 겹겹이 포개져 있기에 이 과정은 수술을 하듯 섬세하게 이루어져야 합니다.

　내담자가 원하는 변화는 하루아침에 일어나지 않습니다. 상담자와 내담자는 여러 달에 걸쳐 열 번 내외로 만납니다. 주기는 일주일에 한 번 정도 됩니다. 이렇게 하면 변화목표를 잊어버리고 기존의 부적응적인 행동습관으로 돌아갈 때마다 다시 마음을 다잡을 수 있습니다. 더 나아지기 위한 행동연습을 반복하다 보면 스스로 해나갈 수 있는 날이 오게 됩니다.

　이 책을 처음 열었을 때 가졌던 상담에 대한 부담과 오해가 마지막 장을 덮으면서 같이 사라졌길 바랍니다. 여러분의 삶을 스스로 개선시키기 위해 이 상담서비스를 더 편하게 이용했으면 좋겠습니다.

이정준(글쓴이)

(상)담군쌤. 전남대학교 심리학과를 졸업하고, 동 대학원에서 심리학 석사학위를 받았다. 2018년도부터 광주광역시 교육청 소속 학교의 전문상담교사로 재직하고 있다. 중학교 시절 가지고 있던 작가의 꿈을 심리학이라는 소재를 이용해 실현하기 위해 애쓰고 있다.

전성은(그린이)

(상)다미쌤. 전남대학교 심리학과를 졸업하고, 동 대학원 상담전공으로 심리학 석사학위를 받았다. 현재는 박사과정으로 학업 및 연구에 매진하고 있다. 2014년도부터 광주광역시 교육청 소속 학교의 전문상담교사로 재직해왔으며, 학교상담 및 상담자 교육에 관심을 가지고 있다.

다미쌤 인스타그램: weeclass_dami

위클래스 사용설명서

초판발행	2021년 10월 20일
지은이	이정준·전성은
펴낸이	노 현
편 집	전채린
기획/마케팅	이후근
표지디자인	박현정
제 작	고철민·조영환
펴낸곳	㈜ 피와이메이트
	서울특별시 금천구 가산디지털2로 53 한라시그마밸리 210호(가산동)
	등록 2014. 2. 12. 제2018-000080호
전 화	02)733-6771
fax	02)736-4818
e-mail	pys@pybook.co.kr
homepage	www.pybook.co.kr
ISBN	979-11-6519-210-5 03180

copyright©이정준·전성은, 2021, Printed in Korea

정 가   12,000원

박영스토리는 박영사와 함께하는 브랜드입니다.